U0855702

爱和自由教育文丛

请把种子埋进土里

安长喜 著

中国妇女出版社

图书在版编目（CIP）数据

请把种子埋进土里 / 安长喜著. -- 北京 ：中国妇女出版社，2021.1（2021.4重印）
（爱和自由教育文丛）
ISBN 978-7-5127-1912-5

Ⅰ.①请… Ⅱ.①安… Ⅲ.①家庭教育 Ⅳ.①G78

中国版本图书馆CIP数据核字（2020）第192697号

请把种子埋进土里

作　　者：安长喜　著
项目统筹：刘明忆　应　莹
责任编辑：王　琳
封面设计：季晨设计工作室
责任印制：王卫东
出版发行：中国妇女出版社
地　　址：北京市东城区史家胡同甲24号　　邮政编码：100010
电　　话：（010）65133160（发行部）　　65133161（邮购）
网　　址：www.womenbooks.cn
法律顾问：北京市道可特律师事务所
经　　销：各地新华书店
印　　刷：北京通州皇家印刷厂
开　　本：165×235　1/16
印　　张：15
字　　数：200千字
版　　次：2021年1月第1版
印　　次：2021年4月第2次
书　　号：ISBN 978-7-5127-1912-5
定　　价：59.80元

推荐序

问题会在新的意识中消融

本书的作者，一个觉察者、一个思考者、一个观察者、一个有着丰富的内在世界的人，他恰巧是一位职业的教育工作者，还是一位父亲。我这样说，是因为在这本书的字里行间，可以感受到、看到这样一个立体的人。

恰恰因为这些特质综合在同一个人身上，你有机会去体验一个真实的、自由的、鲜活的灵魂，入神地与你交谈，引你进入一个儿童的世界、生命的世界、心灵的世界、意识的世界。

这个世界完全不同于纷乱的、教条的、虚假的理论世界，因此他不说教；也不同于僵化的、功利的物质世界，因此他不带你滑向某个追逐焦虑的价值体系。

他只以一种实相呈现出来——他观察到的，自我觉察到的，他的思考，他对儿童的理解，对养育者和教师的理解，他与儿子、家人的交谈和沟通……徐徐道来，真挚有趣，却又因为专注而深刻、本质、警觉。就在你不经意间，撬开你意识的一角，让人豁然开朗。

何以能达到如此？我和安老师是同事、师生、朋友和同道，熟悉的程度也有二十余年。他大学毕业就进入这个幼儿教育机构，观察孩子每一天的生活，工作至今。二十余年，专注于一件事，是有着内在的驱动力的。他自身既是一个生命的观察者，也是一个自我生命的观察者。他深深地热爱孩子，热爱教育。带着观察者的理性、沉静和敏锐，去发现儿童，发现儿童与成人的关系，发现成人与成人、成人与自己的关系。

教育工作成为他成长的道场，对儿童、对人的本性的体悟和思考，造就了他的职业素质；对教育本质的把握，来自于他不断自我观察、成长后的意识状态；而这种对本质的把握，也促使他在近十年的家长、教师工作中，着眼于将成人的注意力引到自我意识的观察和成长中。

于是他创作了这本书，书里的每个故事都来自真实的生活，因而极具代表性。孩子的、家长的、老师的，每个个体细微的语言、想法都被他的文字准确地捕捉到，他巧妙地再现了那些情境，让阅读变成了一种新的意识生发的时刻。养育中不胜其扰的一个又一个“问题”，会在新的意识中消融。

今天，他已然成长为名副其实的教育家。这本书让我再次了解他，看见他。即使我知道的他，要比书中所写还要多得多，但足以让我们领略到一位真正的教育工作者的视野。我期望读到这本书的人会因此获益。

孙瑞雪

序

穿越意识

20年前，于我而言，选择幼儿教师这个职业实属不易。抛开现实，如何面对来自父母的反对就已经让我寝食难安。

母亲气得几天不吃不喝，伤心地对我说："你就这么轻易地放弃了自己的前程，放弃自己的铁饭碗，这么多年我不是白供你了吗……"

父亲站在我租住的小单间欲卷铺盖。那天，我对父亲郑重其事地说："爸爸，其他的工作我也能做得很好，但我不喜欢。做这个教育，我有可能会成为一名教育家。"父亲脸色煞白，一时语塞……临走留下一句话："那你做你的教育家吧，你的事我不再操心了！"

两年后，巧遇父亲和他的同事出差。同事问父亲我做什么，父亲说在一家幼儿园当老师。那位同事附和一句："哦，那还不错。"父亲回应："就是给人哄娃娃的。"当时，我只是淡淡一笑。因为职业的选择，我亲手剪断了自己和父母捆绑在一起的心理脐带，硬着嘴巴说："我自己的人生由自己来负责。"但在那一刻，我渴望父亲的肯定。

那时候，人们对幼儿教育的认识就像父母对我选择职业的态度一样：砸了饭碗，毁了前程，哄个娃娃……我是全国为数不多的男幼教之一，对应着人们把女幼教常常当作“阿姨”，有家长曾亲切地称呼我为“男阿舅”。这或许就是当时社会对幼儿教育集体意识的一个缩影。

20年间，我在教育行业的不同阶段、不同岗位，体验着不同人、不同事件带给我的思考和发现。成人与儿童的关系如是因果，成人意识状态的差异造就了儿童成长的差异。反过来，童年的成长经历和经验也恰恰形成了一个人的雏形和未来的意识。随着对教育的不断学习，对生命的不断探索，我越加深刻地体验到过往的成长经验被锁定在生命中，无处不在地影响着我们的生命质量和生活品质。众多的人对此并无觉知，这种局面已然成为养育儿童最大的障碍。

10年前，我似乎发现了这个秘密，但这秘密于我若隐若现——我碰到了它，但又没有完全固定下来。我执着地想要弄明白它，想把它固定下来，所以逢人就说，一边说一边生活和观察。近10年里，每一次讲座，每一次和同事、朋友聊天，我都在整合着这个发现。一遍一遍地说着，这个秘密一点一点固定了下来，越发清晰，你能够确实地在每一个发生里洞察到它的存在：人的意识状态创造了现实，只要在行为的前面加上意识——有意识地行动——人就可以完全把握和主宰自己的人生。

这个秘密就是：有意识地生活。

一位爸爸第一次在我的课堂上起身发言，他紧张得浑身发抖，声音震颤地只说了一句话：“我长这么大从来没有在众人面前说过话，我特别害羞，特别紧张。”然后他就处在了极度紧张、害羞的能量中。他紧张的情绪带动了整个场子，我感叹他的能量真是够大，所有的人都体验到那份紧张和害羞，所有的人都无意识地屏住了呼吸。

第二次的课堂上，我习惯性地问：“有人要分享吗？”大伙非常默契地把目光聚焦到了这位爸爸的身上。他再次从人群里站起来，面红耳赤地说：“我很害羞。”

我回应：“是的。”

他说：“我很紧张。”

我说：“是的。”

他说：“我从来没有在这么多人面前讲过话。”

大家说：“是的。”

他说：“但我渴望表达。”

我说：“你可以一边紧张、害羞，一边表达你自己。这两个状态可以同时存在。”

他满眼垂泪……

几年后的一堂课上，他自如地站在台前给听众分享他的历程，他说：“我突然有一天体验到什么是自由，就是允许自己的各种能量并存，有意识地紧张，有意识地害羞，有意识地表达自己，不对抗、不打压生命中的那些特质，生命一下就不同了。”

是的，有意识地选择生活，就可以将原有的、限制性的意识转化。

如今，家长不再给孩子把幼儿老师比作“阿姨”，幼儿园已经不是原来定义和理解的看护孩子的场所。越来越多的家长意识到儿童早期的成长对于一个孩子的重要性和分量，开始有意识地参与到儿童早期成长的过程中，有意识地学习如何更加科学地支持儿童、协助儿童的成长。整个社会对幼儿教育的意识发生了翻天覆地的改观。

意识的进化，无疑是社会进步的根本。不同的意识状态从根本上就是人的生命状态的差异；不同的意识状态决定了人生活、做事的态度，也决定了人存在的品质。意识的差异，是人与人最本质的差异。

新冠肺炎疫情，让我有更多的时间去思考和整合多年来对教育和成长的了悟。我就想透过自己平实的工作和生活中的故事，去描述这些存留在我们生命深处被锁定的、未曾疗愈的潜在意识的运作，以及如何在自己的生活里与之和解，达到自由，如何回归现实生活，去有意识地创造生活，创造自己的生命。

这本书就是这样诞生的。书稿的前两个章节分别从潜藏于我们生命深处，难以觉察的、制约我们成长的、被锁定的生存能量和权威意识入手，阐述在养育孩子的过程中那些不被转化的无意识的能量和状态，借此唤醒养育者的意识并警觉于此；书稿后面的章节阐述意识是可以转化和改变的。当我们有意识地选择生活，把意识带入行动、带入生活、带入关系、带入儿童成长中遇到的麻烦和事件，去有意识地陪伴孩子，有意识地选择生活，有意识地经历事件，有意识地经营和创造关系，有意识地为自己的一切负责，生活将走向完整、完满，没有漏洞。

当我们有意识地走进这些故事，便有机会带着自己的意识从故事中出离。全书从一而终地穿梭于意识的不同面向，只有一个目的，就是邀请你一起经历这一历程——有意识地将生命的种子埋进土里，并带着意识呵护它，有意识地活着。

兴许，在此历程中，你能遇见久违的自己。他对你说：“剩下的路，由我来陪着你，让我们自己来！”

安长喜

于2020.9.10教师节夜

安长喜小传

20余岁时，安长喜是宁夏蒙特梭利国际学校的一位教师。

他带着孩子走出校门，看风中起舞的大树，看天边落阳下粉紫的云霞，看路边修自行车的老人补胎，看伸向远方聚成一点的长路……

他站在教室里，把一双鞋放到讲桌上，对满堂惊讶的孩子说："请脱下你脚上的一只鞋，摆放在一个合适的位置上。"孩子们满是狐疑地照做了。

他说："开始画。"这个班的30多个孩子，画出了30多种不同的鞋的"味道"。

30余岁时，安长喜是爱和自由教育机构全国常务总校长，儿童教育专家级讲师，资深家庭成长导师，一个小男孩的爸爸。

他跟老师们聊他眼中的儿童和教师，他跟爸爸妈妈们聊他和小男孩的故事，更多的时候，他看到什么就聊什么。厨房里的油烟机，餐桌上的西瓜皮，窗户里幽怨的钢琴声，朋友圈里的分享……常常信马由缰，永远真挚有趣。

聊着聊着，听的人，里边和外边，有如被古老的灵魂庇护般安宁下来，灵动起来，遂得称呼 “顽皮老灵魂”。

40余岁，安长喜已然成长为全国知名儿童教育专家、美育专家。

与孙瑞雪老师率团队编“爱和自由教育文丛”之《起点》，揭开25年爱和自由新教育的新起点、新征程，被誉为“新教育路上的罗盘”。

带领教育实践团队将教学基地拓展向1岁半，囊括了1岁半至12岁整个童年期的社会教育和家庭支持系统。

研发和培训团队共同开发制作了200小时的父母成长线上课程，80小时的教师线上课程。广受好评的爱和自由父母课堂、爱和自由教师初级培训中的经典课程被系统地“搬运”到了线上，惠及教学基地所在城市之外的家庭、幼儿园和学校。

“内幕”称，安老师年轻的时候就显得贼老，20余岁的时候就像40岁的人，所以大家笑说他有个“老”灵魂……可41岁那年，他的模样也发生了变化，让你忍不住感叹光阴逝去，灵魂依旧“顽皮”，活生生数十年如一年，令人好不服气。

目录

第1章 生存的利剑

第2章 隐匿的权威

第3章 有意识地生活

第4章 儿童与现实之间的翻译者

第5章 孩子生长在关系中

第6章 规则的力量

终　篇

1

第一章

生存的利剑

我们的生命里会有各种各样的声音，有时是这个时代的声音，有时是我们自己经验中的声音，有时是一个集体无意识的声音，声音很多、很繁杂，这是一个现实。但这个现实大多并不是孩子的功课，而是成人如何去面对这些声音，是成人自己的功课。

过往生存的恐惧，物质的匮乏，存留下来的生存的能量——恐惧、焦虑、担心……都像一把利剑时刻高悬在养育者的头顶。除非你觉察到了，自己把它放下！

养育者身上的时代特质与能量

养育孩子，是极具时代特质的一个话题，而养育者自身所呈现的某个时代的能量和特质在养育孩子的过程中起着本质的作用。

多年前，我的孩子就跟我表达过他不想去爷爷奶奶家。

我当时挺吃惊地问他："爷爷奶奶那么爱你，为什么不想去？"

他说在爷爷奶奶家吃饭时，每次爷爷都会不断地催他。

我问："怎么催？"

他说："赶紧吃，快点吃！每次吃饭的时候爷爷催，我就特别着急，特别焦虑。"

孩子跟我说这些的时候，我愣了一下，还真从来没有过这样的一种意识。

我跟他聊："你可以告诉爷爷，我想以我自己的节奏吃饭。"

这个话题好像也就过去了。

直到有一次我和孩子在父母家一起吃饭的时候，才意识到父亲的催吃模式——他从自己最在乎的人开始，依次催向集体……

那一刻，我发现儿子之前给我所说的情景重现了。当自己的意识与现实配上对的时候，感受一下就被点燃了。再次听到饭桌上父亲催吃的声音，伴随着焦虑的同时，我还能体验到锁定在父母这一辈人生命中根深蒂固的生存危机和苦难的经历。

餐桌上，在父亲时不时地提醒大家时，我把注意力引向了此话题。我问父亲："爸，你有没有想过为啥要快点吃？"父亲愣了一下，没回应我，看得出来他也从未这样思考过。我继续说："原本吃饭的时候是个最放松的场合，有说有笑的，可我发现从坐到餐桌前你就开始不断地催促我们抓紧吃，感觉稍微吃慢点就要饿肚子了，这太有趣了！"

我继续说："我突然发现，自己长这么大，如果不是你的孙子说，我都没有意识到自己在饭桌上就是这么被催大的。按理说大家应该各有各的节奏，但总觉得在吃饭的时候好像无意识地要快一些。"

"小时候饿怕了，差点就饿死了。那个年代不是吃什么的问题，而是什么能吃的问题。"父亲如是说。

父母轮番讲述起他们各自的经历。

这个话题聊起后，我就说："妈，你是不是总觉得还少一口？"

母亲笑着说："就是那个年代落下的心病，日子早都好过了，可是晚饭过后，睡前总觉得还得吃一口。"

我就打趣："你看你这就是典型的肚子吃饱了，心还饿着。"

直到今天，岁月似乎并没有刻意地将这些记忆掩盖。往回想，小时候母亲总是因为我吃饭慢而唠叨："像你这么个吃法，搁在60年早都饿死了。"

父母是20世纪50年代出生的人，他们时常说小时候家里孩子多，吃不到东西，差点被饿死。那是一个时代的烙印，人们对生存的恐惧就像一把利剑，悬在头顶，随时都有掉下来的危机。经历过那个时代的人，整体的能量就集中在对生存的恐惧上，所以在他们养育孩子的意识里，这种潜在的危机感几乎占据了绝大部分。

养育在每个时代都是一个不过时的话题。你不能说那个时代、那种养育方式是错误的，另一种才是对的。爸爸妈妈都以那个时代的能量和特质养育孩子，无法论对错，也不能妄加评判。

在每一个养育者的身上，时代的这种特质起着根本性的作用。所以，养育这件事，在一个家庭里，不能论高低，不是夫妻哪一方说了算，而是爸爸妈妈各自所持有的那种时代的特质和能量决定的。但是，我们作为一个养育者，一定要对自己作为养育者这个角色所承载的时代特质和能量有意识、有觉知。

当我们去观察自己，观察我们身边的这些养育者时，就会发现，虽然我们现在同处一个时代，但未必我们所持有的能量和特质在同一维度。我们有意识地观察，就会看到社会发展的这样一种迹象：身边不同的人、不同的家庭，其意识有可能处在不同的次元空间。你不能说哪个对，哪个错，哪个有问题。但是，我们可以借由这样一个观察，向所有的养育者发出一份邀请：在养育孩子的过程中，你能不能对自身所持有的时代特质和能量有所警觉！

目前，我们虽然共处信息时代，但有人所承载的能量可能在农耕时期，或者其他。

人类社会发展至今，存留着多维的、不同时代的特质和能量，当你开始完整地观察和警觉这些时，它将会被真正地看见和接纳，并在养育的关系中得到升华和自由。

身体的智慧不止于生存

我们发现，身体存在的意义和智慧是最容易被忽视的。被看见的仅仅是基于生存层面的身体。恰恰是为了生存，大部分养育者都不遗余力地把保护和照顾孩子的身体放到了最大。这导致儿童在成长过程中，把大部分的生命能量都消耗在这个生存层面上。

这样的状态延伸到生活和教育的方方面面，也延伸到成人和儿童的关系中——过度的保护和照顾。这样的关系制约了一个生命系统完整的发展和成长，也阻碍了儿童体验和感受生命内在系统的精微与细腻。

儿子出生时，我隔着产房紧闭的门，听见一声洪亮的啼哭，感觉自己的心跳进了脑袋里，那种膨胀所带来的压力导致我无法想象和判断。慌乱中，护士推开门走出产房，侧立着抱起孩子说："看，你爸爸！"孩子的眼睛顺势微微闪了闪，眼神泛着灰灰的蓝光。对视的刹那，我感觉自己的一切被一股强大的能量瞬间带走，并清晰地感觉到整个人从大脑中的某一点消失，然后沉浸在极度宁静的淡蓝色的空间里。

"恭喜你，是个男孩！"我被护士的这句话喊过神来。

"给，抱一下你儿子，然后放到推车上推到病房。"她说着，还瞥我一眼，念叨，“一个大男人，怎么还激动上了……”

我从未有过这样的体验，也从未想象过与自己的孩子初次相遇时会有如此震撼的瞬间。至今，我都难以忘怀那双微微闪动的泛着灰蓝色光的眼睛。

我从护士手中接过儿子，便发现一个非常细微的能量：儿子只要嘴巴微微一张，紧接着就会带动他的头向左或者向右缓缓地扭动。就在他张嘴的瞬间，我能非常清晰地感觉到他的手指在微微地动，在口和手之间，一股无形的力量在连接着它们。发现这些，我即刻解开了包裹孩子的“蛹”。当他的身体自由了，手就有了机会……

在那之后的一段时间里，我不知道孩子的手是无意识的，还是有意识的，但能感觉就在他的内在，有一股力量驱使着他，去唤醒和发现他身体的每一个部分。他的手突然抬起来搭在自己的肩膀上，然后落在那儿似乎再也没有力气挪动，过了一会儿又滑了下去；有时啪一下打在自己的脸上，把自己打哭了……不到一个月的时间，儿子就可以非常精准地把大拇指放到自己的嘴里，非常安静又满足地吮吸着……

手被自己发现了，脚被自己发现了……

孩子在唤醒和发现自己的这一过程中创造着自己，而这一历程必须依赖于自由。

阵雨过后，2岁的儿子以自己的最快速度冲出了单元门，眼前有一小块种花的土地被雨水漫过之后，视觉上跟以往不一样。他二话没说直接冲了进去，结果越走越重，越陷越深，直到两条腿完全拔不出来为止。他站在泥潭中央，纹丝不动地看着自己深陷其中，既惊讶又不解地观察着这一切。忘了这中间过了多长时间，他的意识突然从这个情景中走了出来，扭头看着我，示意把他捞出去。他在草地上走了两步，停下，然后低头看看自己的鞋，又走几步，停下，再看一看……几次之后，他总感觉跟之前有什么不一样。最后他蹲下来，用手开始弄他鞋上的泥。

就在他蹲下弄掉泥的时候，他又开始玩泥，似乎已经忘记了前一刻想要干什么……十几分钟过去了，玩着玩着，他的意识好像突然从手中的泥巴中走了出来，抬起头，长吁一口气，站起身，又开始漫无目的地往前走。

正好走到路上积的一摊水前，他便踏了进去。刚开始他是轻轻地走，接着在水里站了一会儿，低着头静静地看着，突然头使劲往上一抬，他的一只脚也跟着抬起来又踩下去。然后，他再使劲抬头，脚再跟着抬起来又踩下去。他在用他的头带动着他的身体起跳，然后越跳越快，越跳越快，在水里面乱跳，水花四溅。水溅到脸上的时候，他愣了一下，然后又加速跳，每溅到脸上一次，他就兴奋一次……他沉浸其中，发出铜铃般的笑声。最后，他开始在水里以自己最快的速度奔跑，缩着脖子，蹚过去又蹚过来……那一刻，似乎这一摊水就是他的世界。

这让我想起每次在下过雨之后，学校里的孩子挡都挡不住地往积水里冲。你会发现，冲到积水里面年龄越大的孩子，他们身体的姿态就越灵动。那时我很好奇，为什么孩子们都喜欢这样玩？你冲一下，我冲一下，你再冲，我也冲，或者大家一起冲，在里面跳得不亦乐乎，把自己的鞋、衣服全部跳湿了，但无比喜悦。直到有一年，我在一所高校的湖旁看到一幕：几只野鸭在不断地玩一种游戏——飞起来，再以最快的速度俯下身子冲向水面，然后在接触水面的一瞬间两条腿向前一蹬，用脚掌踩在水面上滑翔数十米，有的滑得更远。那一刻简直美极了，就像矫健的踏浪者在玩冲浪一样，既冒险又很优美。我想孩子们似乎在水面上体验的就是这种滑翔般的感觉吧。

大概是累得跑不动了，儿子停了下来，看着自己的鞋，突然发现鞋上的泥几乎没了。这个发现让他颇为震惊，然后继续呆呆地看了半天，好像发现了什么，又蹲下来观察了一会儿，最后他伸出手，撩起水洒在他的鞋上，并用两只手擦洗着鞋面上剩下的一点泥巴。显然，他的手不是那么灵活，但这个预设的完整的系统似乎从他的身体冲出大门的那一刻起，便已经开始启动了。

6岁前的儿童，其生命特质就是浑然一体的，身体中蕴含的智慧不只是生存的能量，他的身体本身就是他的情绪，就是他的感觉，就是他的心理，就是他的认知，也是他的精神。当这个生命即将拉开成长的序幕时，必将从自由的身体开始，并经验其完整的历程，走向独立的自我。

一个人最大的兴趣就是成长自己

每天晚饭后，我散步回家的时间，总能听见一个固定的琴声。琴声总是传递着些许的孤独和幽怨，我也会习惯性地驻足停留片刻。在孩子弹得不是很连贯的音符间，总是伴随着爸爸按捺不住的咆哮声。爸爸挺着身子守在旁边，妈妈抄手倚着门框，孩子在钢琴前紧绷着后背。我很难想象这个平时看着温和、腼腆甚至有些柔弱的男士，在守着弹钢琴的儿子时，居然显得如此暴烈。我总是为这种巨大的反差震惊不已。我也时常在思考，为什么会是这样的局面？这是孩子的需求吗？还是说父母为了孩子所应该有的一种坚持和责任？还是另有他因？

你有没有思考过，一个人一生中最大的兴趣是什么？在其成长的每个阶段都会有不同的兴趣点，这些兴趣点的核心意义是什么？

显然，常常困扰家长的不是这一连串的发问和思考，而是基于现实层面的担忧以及所滋生出的各种能量和声音：

左邻右舍、同学家的孩子都有多技之长，我要不要给孩子报兴趣班？

孩子没有兴趣了，要不要培养他的兴趣？

孩子有兴趣，没有常性，不坚持怎么办？

关于孩子的兴趣，一旦陷到这些具体的细节里，家长就会很容易进入一个两难的境地，也很难从宏观上认识到孩子在成长过程中所呈现的兴趣与其成长的关系。往往于此，孩子的成长恰恰被障碍在自己某个阶段所呈现出来的兴趣点上，甚至留下创伤。

就像文中描述的男孩，无论出于何种理由学习钢琴，这种处境在最大程度上把孩子和钢琴推到了对立面，继而又将家长和孩子的关系推到了对立面。对孩子来讲，弹钢琴本身的意义就本末倒置了，并且在爸爸的强压之下这样学习，无疑是一种创伤。

这样的模式背后总是潜藏着养育者对现实的焦虑，而这种焦虑的情绪就是潜意识里生存危机的外显。如果借由孩子的兴趣来解决成人心理上对生存的压力时，孩子的能量就卡在了生存层面，并与其兴趣对抗。

除非为了生存，别无他路。

记得在我的一场美术工作坊中，有一位体育专业的男老师将自己归到了对美术一窍不通的方阵。几天的课程下来，他终于勇敢地走上了讲台，分享他觉察到的创伤。

曾经，有个6岁的男孩为了给妈妈准备生日礼物，拿出了自己所有的零花钱买了绘画工具，给妈妈画了一幅漂亮的画。当他满心欢喜地送给妈妈时，妈妈却痛骂他一通，嫌他浪费钱，当面撕毁了画……

这个20岁出头的大男孩在台上委屈得像个孩子一样，在场所有的人都为之动容。他说，自此之后再也不会画画了。

准确地说，当他站到台上一边讲述这个事件一边委屈地流泪的时候，我知道，这就是6岁的他卡在了为妈妈画画这个事件上的能量，这是久违的伤心和委屈。不难看出，男孩和妈妈对于这幅画的意义有着截然不同的理解，当然，这源于其不同的意识。

无论何时，一个人做任何事情，都是在这一历程中服务于他的成长。本质上，一个人一生中最大的兴趣就是成长自己。成长的历程所呈现的阶段性的特质及需求，都是成长历程中不可或缺的轨迹。我们不能将孩子卡在此轨迹的某个点上。

回到兴趣班的话题上，其选择首先是以孩子的阶段性特质和需求为前提的选择，而非家长单方面的认知和决定。在协助孩子选择前需有一个意识：所有的选择是基于服务于孩子成长的需求。这样一来，就会有一个清晰的界限，孩子的兴趣及其发展是由孩子来做决定的，干扰的因素就会被挡在外面。

在我接触的家长中，绝大多数家长在初期，有可能会把选择权放在孩子的手上。在孩子选择之后，一些具体的现实问题会出现。比如：孩子接触了一段时间，发现这个兴趣班不适合自己，不是自己想要的，这个时候家长怎么做？再比如：兴趣班的收费跨度很长。这些都使家长在做决定的时候产生压力。

最终，种种压力会不知不觉地转移给孩子。

我想换个角度观察和思考。不妨把注意力放到孩子身上，看看孩子，当他们发现自己的兴趣时，并不会轻易放弃，除非在这个过程中发生了什么，而这些就是需要家长去关注的微妙能量。对一件事情的兴趣，不会总持续在一种高峰的状态，有时候会在低谷，也有时处在缓冲阶段……这才是完整的节奏。但是，我很少看到孩子轻言放弃，而关键点在于孩子能否有发现自己兴趣的自由。

我的孩子在6岁之前没有报过兴趣班，这并不等于他没有发展任何兴趣。跟爸爸妈妈在一起的互动，是他的兴趣；跟好朋友的交往，是他的兴趣；与人交换玩具，是他的兴趣；剪纸涂画，是他的兴趣……

幼儿园毕业上小学之前，有一个较长的假期。他跟妈妈表达这么长的一个假期，想要学个什么东西的愿望。他具体也没什么目标，就想让妈妈带着他去看一看。当然，之后我认为他的兴趣在于想学个东西的意识的启动，至于学什么则是后话了。妈妈陪着他看了好多兴趣班，他都没有感觉，直到走进一个跆拳道班，里面有一位帅气的男老师。因为现场有参观报名的孩子，男老师就做了一些表演性的动作，在空中翻了两个跟头，一下就把一批小男孩给镇住了，投去无比崇拜的眼光。

我儿子就说："妈妈，我就要学这个。"

这就有了后面跆拳道的一段学习经历。

大概学了有两个月，也没见学翻跟头，儿子就问："为啥还不学翻跟头，每次都让我们压腿、练劈叉？"

其实我们从一开始就知道，他的兴趣只是翻跟头。

为了翻跟头，他每次都是整装待发，有意识地在培养着自己和课程的连接，这都是他的需求所致。转眼间快到十一假期了，班上为了参加十一期间的某项比赛活动，改变了一开始的教学内容。由于全班新孩子占多数，参赛的一套拳法及练习的节奏超出了孩子们的能力，老师就会拿着棍子敲打孩子。第一次遇到这样的情况，儿子就跟我们沟通，说："老师真的打人！"

我跟他聊："你怎么想？"

孩子说：“我不想放弃，我想坚持，但是我需要你和老师聊聊打人的事。”

……

一次上课，老师请假，来了一位新老师替课，中间又拿棍子抽了每个孩子的屁股。

这次，儿子一下课就和我聊这个事情。他说：“爸爸，我决定放弃。”

我问他：“发生了什么？”

他说：“爸爸，我认为这儿的老师是不能改变打孩子的方式的，即使不打，语言也很暴力，总是威胁和吓唬我们。我已经想好了，我不想跟这样的老师学习。我还不理解，有几个孩子的妈妈总给老师说，孩子不好好学，你就打他。而且，我发现翻跟头可能很久很久都学不到了。要是练习基本动作，我也感兴趣，但是我发现这个班老想参加一些表演和比赛，我对比赛不感兴趣，所以我已经想好了，我决定放弃。”

我没有再过多地讨论这个事情，就说：“好的，爸爸尊重你的选择。那你还需要爸爸和打人的老师聊聊吗？”

他说：“我自己已经和老师解决了，老师给我道歉了。”

然后他又问：“爸爸，那多交的学费怎么办？”

我说：“学校会退给我们的。”

他问：“那要是不退怎么办？”

我说：“学校会退的，这是办学要遵守的规定，不能违反。”

……

这个事情就过去了。自此之后一直到现在，儿子自己又选择了一个戏剧班、一个足球班，选学了钢琴，没有一个不喜欢的。戏剧班由于和上学时间冲突无法调整被迫放弃，为此他还难过了好一阵子。踢足球，虽然在我看来他的身体条件更适合打篮球，但是他就想跟大伙儿一起踢球，他喜欢踢球的氛围。几年下来，不管踢得怎么样，身体素质和耐力有了很大的变化。弹钢琴，完全是因为他自己喜欢，而且据他说，自己思考了好多年才决定学习的。我和他妈妈的态度明确，不考级、不监督，啥时候想弹就弹，不想弹就不弹，孩子从来没有任何压力。恰恰这样使他更深入地喜欢钢琴，喜欢听钢琴曲，关心各种钢琴演奏会，就连他的钢琴老师都教得格外轻松。在平时的生活里，弹钢琴倒成了他舒缓压力的一种方式。

举这个例子，就是想提供一个角度。我们可以观察一下在这个过程中，不同的观念会给孩子带来什么。我的家庭中一个最重要的观点就是支持孩子的成长，与孩子的成长相比，其他的都得让道。

支持孩子不仅仅是简单地理解为支持孩子所做的某件事，它还包含了支持孩子选择做或者不做，以及支持孩子一点一点体验做事情的过程——

每一次孩子的经历中，会发生各种各样的故事，孩子能不能跟你有一个很好的沟通、分享，并在经历事情的过程中学习和成长？

当孩子进行某个事情时，可能会走向低谷，可能会伴随着各种情绪，在这个过程中你能否将注意力放在孩子身上，而不是他眼下的成绩上？

我们能不能不那么功利地看待孩子低谷的状态，能不能允许孩子体验自己的低谷，允许孩子经历这个完整的过程？

我们能不能不那么急躁而草率地将低谷理解为放弃？

孩子基于自己的需求，选择了一件事，但有一天孩子体验后得出了一个和最初选择时不一样的结论，他决定把它放下，你能否依然去支持到孩子？

这些都是对家长的考验。家长在面对这些问题时的态度非常重要。很多时候，恰恰是成人的态度把孩子的兴趣转化成了他人生中的一种压力。

许多家长会质疑，孩子刚学了一会儿又放弃了，这是不是没有意志力的表现？我从不认为意志力是靠这样的方式去呈现和诠释的。从一个人长远的一生来看，他必须透过不断的选择和体验才有机会一点一点靠近自己、一点一点认知自己、一点一点发现自己，直到找到真正适合他自己的、能够终其一生去做的事情。这个历程是一个漫长的历程，其中不乏学会放弃。

在我看来，一个人一生中学会放弃，进而懂得放弃、能放弃是一个同样重要的功课。

克里希那穆提[①]说："只有在我们并不是真的爱自己所做的事情时，我们才会以成功或失败的观点来考虑事情。"儿童就是这样一种状态。当兴趣到来，他们全然地投入，与所做的事情合而为一。成人亦是如此。我们依旧不断地体验和发现着自己。当我们开始不去功利

① 克里希那穆提（1895—1986），印度哲学家，著有《人生中不可不想的事》《重新认识你自己》等。

地计算得失时，就会更容易发现自己真正的兴趣所在。

大学期间，我读过一篇励志类的文章，其中介绍了一个方法：拿出两张纸，分别在纸张的中间画上一条横线；第一张纸的横线上写上自己感兴趣的事情，横线下写上自己不感兴趣的事情；第二张纸的横线上写上自己擅长的事，横线下写上自己不擅长的事；在把两张纸都写满后，把这两张纸重叠起来看，你就能发现自己既感兴趣又擅长的事情了。如果你足够幸运的话，所做的事一定是既感兴趣又擅长的，它就会成为你终身的支撑——不仅仅是现实生活的支撑，也是你精神上的支撑。但遗憾的是，许许多多的人一生所做的事情是在横线以下的既不感兴趣又不擅长的事。更可悲的是，他们从不懂得放下。

为什么会这样？我把这个问题留给你。你把自己思考清楚了，就会懂得儿童，支持他让他自己选择，支持他去经历高潮和低谷，尊重他选择放下。

孩子以牺牲自己的成长忠诚于父母

如果你不成长，你的孩子将为“你的不成长”买单。这是儿童爱自己爸爸妈妈的方式。

在养育的关系里，儿童无条件地接纳自己的爸爸妈妈和照顾他们的人，甚至以牺牲自己的成长为代价忠诚于自己的爸爸妈妈，忠诚于养育他们的环境。直到今天，我才突然意识到：儿童以此来唤醒养育者爱的意识，也以此方式来敦促养育者意识的进化和成长。

小区的喷泉旁边，有一片草坪是孩子们最喜欢扎堆的地方。我蹲在草坪外的道牙砖上，看着儿子躺在草坪里自娱自乐，隐隐地感觉到在我的身后有一个意识存在。我顺势转过身去，发现离我2米左右的位置站着一个小姑娘，她远远地注视着我儿子在草坪上翻来覆去地游戏，时不时地发出怯怯的笑声。我的突然转身打断了她这些细微的举动，她脸上露出了些许的尴尬和害羞的神态，但她没有离开。

她叫果果，和我儿子同年生，3岁了。我能深刻地感受到果果对草地的渴望，为了缓和这份尴尬，我低声地邀请她：“果果，你愿不愿意和安子健在草坪上一起玩？”她的目光躲闪得很快，并没有回应我。

我看着她，向她挥了挥手，示意她过来。小姑娘胳膊紧贴着身体，谨小慎微地走到我旁边，还时不时地往身后看。不远处她的姥姥正虎视眈眈地盯着她。

小姑娘的脚紧挨着草坪的边缘，抑制不住地用脚尖点一下草地，然后又快速地收回来，下意识地回头再看看不远处的姥姥。最后，她还是没有走进草坪，也不愿离开，就蹲在我的旁边，耷拉着脑袋不作声。

我继续问她："你想去玩吗？"小姑娘头没抬地摇了摇。

我等了一会儿，又问了她一句："你告诉我，你想不想去草坪上玩？"

这个时候，她抬起来头，斜视着我，然后非常轻微地点了一下脑袋，随后又耷拉下来。

我告诉她："如果你想去玩，我这就去说服你姥姥，让姥姥同意你去草坪玩，你觉得怎么样？"她的脸一下舒展了，对我点了两下头。我也感觉瞬间轻松了很多，立刻站起来打算去和她姥姥聊这事。一转身，小姑娘的姥姥已经走得离我们很近了，大概是五六米的距离。

她的姥姥气势汹汹，那一刻，我突然没有半点勇气上前替孩子说句话，感觉所有的声音戛然而止。姥姥把目光转移到小姑娘的身上，突然大吼了一声："果果，你赶紧跟我回家！"毫不夸张，孩子的脊梁紧缩了一下。她顺着声音，弱弱地站了起来，连看都没看我一眼就走了。

瞬间，莫名的无助和无力感就像固体一样充斥在我的周围，既沉重又悲凉。姥姥强势的控制让我根本没有机会再向前跨一步，为这个3岁的孩子争取一次在草坪上撒撒欢、打打滚的自由，让她有一次无须顾及卫生，让她彻彻底底地、痛快地、像个孩子一样地玩上一次。

姥姥攥着果果的手腕，一边走一边数落。我和儿子又成为其反面教材被列举了一通。小姑娘的背影显得她的身体轻得没有任何分量。她顺着姥姥的吼叫声从我的身旁离开的时候，生命力就像一丝油烟一样，若有似无地飘浮着。

孩子无法选择自己的家庭，就像这个平日里被装扮得一尘不染的小女孩的处境：有一个专门照顾她的阿姨；在阿姨的身后有专门换着盯梢的姥姥姥爷；在姥姥姥爷的后面，是行色匆匆的爸爸妈妈。偶尔在小区碰到小女孩的爸爸妈妈，总是一副盛气凌人的样子。他们更在乎小女孩今天穿得漂亮不漂亮、干净不干净，挑剔的能量总能让他们嫌弃几句，然后给姥姥再嘱咐上几句就匆匆离开。

看到这些，我会悲伤。不是因为自己无法兑现当时的那个承诺，而是为生命本身。

蒙特梭利说："儿童的第一道德，首先是让自己活下来。"为了生存，儿童可以放下自己创造自己的权力。

在一处电梯口，我碰到一对母子正在情绪中纠缠。男孩3岁左右，坐在地上号啕大哭，妈妈站在旁边一边训斥，一边让他把扔在地上的一小包纸巾捡起来。妈妈越是声色俱厉，孩子的哭闹就越厉害。

男孩妈妈的情绪迅速升级，指着孩子开始咆哮："你捡不捡？捡不捡！"

妈妈越是愤怒，男孩越想靠近妈妈。他试图去抱妈妈的腿，被正在恼怒的妈妈用力地甩开。

"还哭！再哭你就一个人在这儿待着，我不要你了！"

妈妈的话音刚落，男孩既惊恐又愤怒地冲上去用双手拽住妈妈的裤子。他紧紧地抱住妈妈的腿，一边拖着妈妈一边委屈地哭泣。显然，男孩的情绪在妈妈的强权之下已经不断地往回收缩。

朋友见机凑过去，一边捡起地上的那包纸巾递给男孩，一边问："发生了什么？"

小男孩没有回应。男孩的妈妈依然生着气和男孩对峙着。

"你是不是想拿那一整包纸巾？"朋友边问边指向了男孩妈妈手里的一大包纸巾。

男孩瞬间感觉被理解了，委屈地一边抽泣一边点头。

"噢，没关系，阿姨帮你把这包小纸巾放回大包里，然后你再拿上，好不好？"

小男孩点点头。他不哭了，等待着这个阿姨把大包纸巾从妈妈的手上要回来。朋友用自来熟的口吻安慰了男孩妈妈几句，搞得这位妈妈瞬间没了立场。朋友顺势就拿回了大包纸巾，然后把已经拿出来的这一小包纸巾塞了进去。

"好了，现在你可以抱着这一大包纸巾了。"

男孩这才如愿了。

往往，养育者会以自己的生活习性去照顾儿童，习惯于将自己的意志强加于儿童，他们认为这就是为了孩子好而应有的一种坚持。就像故事中的妈妈，从一开始，孩子只是想拿着完整的一整包纸巾，而妈妈有自己的生活习性和观念，她无法理解孩子此刻的心理需求，或者说她根本就没有任何兴趣去理解一个儿童。怕孩子浪费，或者其他的任何一个因素，都可以成为她拒绝孩子的理由。当孩子只能以宣泄情绪的方式为自己的需求呐喊时，随之而来的就是成人更大破坏性的能量和手段，以暴力的方式去回应儿童的需求。这种处境，会直接威胁到儿童的存在感。

儿童必须依赖养育者的照顾才能活下去。就像故事中的男孩，在和妈妈的互动中，他的注意力和需求不断地被拉低到生存层面。最终，男孩在受到生存威胁的处境下，他只能选择向妈妈妥协。他需要仰仗妈妈的照顾，并依赖和妈妈的关系，才能让他获得最基本的保障。这种最基本的保障就是生存的能量。

朋友的介入打破了妈妈继续对孩子的伤害，但此事件给孩子所留下的创伤是真实存在的。当妈妈说“再哭就不要你了”，这句话对于一个年幼的孩子来讲，他的感受是真实的，他真的认为妈妈会抛弃他。这种被抛弃的恐惧就像一粒种子一样种在了孩子的潜意识里，最终将变成孩子成长历程中的一道障碍。

一旦儿童的成长环境一直处于生存的危机中，生命系统里的情绪、感觉、心理、认知、精神以及自我等都可以淡化，甚至放弃。养育者无论用什么方式对待他，他都会将其吞咽，并在这样的一种关系里来建构自己，形成人格。

无法安顿的创伤

幼儿园里有一个规则叫“请归位”，就是将使用后的物品放回原来的位置。这是照顾环境的一部分，也是尊重环境中的秩序。其实，人在关系中亦是如此。当进入关系的时候，就得把原本属于自己的各种能量管理好，尤其是自己带有创伤性的经验，切勿在关系中转嫁于他人，或让他人为其负责。这是关系中的秩序，也是界限。

曾经有个妈妈来幼儿园参观，乘工作人员不注意就溜进了厨房，查看后厨是否用食品添加剂之类的调料给孩子做饭，全然无视厨房规则，结果被厨师请出去的时候还振振有词、面不改色。这些细节也是后来随着她的孩子入园所发生的事，才慢慢被知晓的。

故事从她的孩子被分享的一个小零食开始。

班上的小朋友分享给入园不久的孩子一个好吃的，第二天早上，这个妈妈拿着没吃完的零食和包装找到了带班老师，核实此事。她堵着老师讲述了大量关于食品安全的各类数据和信息，由于老师在岗，不能听她一直说，她就辗转来到了教学办公室严正交涉此事。最终，学校得到了一个非常坚决的信息，就是她不允许自己的孩子吃任何零食。

自此之后，带班老师会不定时地收到各种关于食品安全的信息，管理人员的办公室不定期地也收到这位妈妈送来的各种食品安全的打印资料。这位妈妈的目的只有一个，就是要求学校取消每周一的分享日活动。

在之后的数月里，无论老师还是教学管理人员不间断地约她沟通，希望为孩子争取一下口腔的需求，都以失败而告终。

环境中一旦有了自由，儿童一定会行使自己的意志。虽然孩子的妈妈在家可以控制孩子的口腔，不给孩子买零食，也不允许孩子接受他人的分享，但随着孩子在学校逐渐放松，就会反方向地发展和应对这部分被控制的智能。这个长期被控制的孩子开始寻找各种机会满足自己的缺失，并以此来平衡自己。

在学校里，他捡小朋友掉在地上的零食渣儿，试图躲过所有人的视线翻小朋友的书包找零食。他的注意力全部在别人带的零食上，为了吃到别人的零食，他可谓斗智斗勇。为此，老师苦口婆心地跟他妈妈沟通，希望能支持孩子口腔的需求。最终，她在家给孩子亲手做零食，每次带到学校，孩子都不愿意吃。

这样的局面，从来没有让这位妈妈有丝毫的妥协，她就像一个战士一样，从不间断地找学校管理人员沟通，给老师发信息，在学校的家长群里整页地发长篇大论，以各种方式施压，目的就是让学校取消每周一分享日的活动。为此，她不辞辛苦，常常在深夜里发帖，与群里几百位家长论战数月。

到底发生了什么，她的生命会有如此大的力量驱动她这么执着和对抗？

为此，我约她聊过数次，时刻能感觉到她对抗的能量。但从内心来讲，我真是想帮帮她，希望有机会能觉察她对饮食这部分的恐惧能量。当话题碰触到人性中柔软的能量时，她强忍着泪水坚决地将话题转移，几次沟通都能感知到她守得很紧的信念以及背后不明真相的、深刻的悲痛。至此，我们的沟通基本都是停留在表象上的内容，整个过程几乎都是徒劳。当然，这其中不乏我自大的心态。每次沟通结束后，我总是被耗得连头都抬不起来，最后发现，对方想改变我的力量远比我想帮助她的愿望更大。

这个局面就这样一直在不断的碰撞中存在着。时间长了，她也在发生着微小的改变，比方说，在学校组织孩子出游的时候，她会为孩子准备很少的进口零食。

大约过了一年半，她最终选择带着孩子离开了幼儿园，不知去向。除了感叹孩子的状态外，在她的身上有太多的结始终都没有打开，每个结都裹得很紧，并且是无法解开的秘密。谁都不知道她经历了什么，她也从不谈及自己的家事。只是在与她的接触中我强烈地感受到她对食品安全的恐惧已经转化成一整套严密的系统，并超越了所有的理性。她的干练、勇猛、思维的缜密、知识结构、攻击性，都是为此信念服务。

数年后，有人提及这个话题的时候说，她的丈夫据说是患胃癌去世的。听到这样的传言，无论虚实，瞬间把我拉回到曾经的点点滴滴。为此，我感到无比沉重和遗憾。似乎这个传言解开了我所有的疑惑，在那个过往的遗憾里，我们为这个孩子遗憾，也为他们的离开遗憾。当听到这个无从考究的传言时，我依然为这样一个未曾疗愈的创伤而遗憾。

我想，曾经这个未能完形的遗憾，也一定是经历过这个故事的所有人的功课。大家在以自己的方式去经历的时候，都希望能获得其背后的礼物。无论虚实，这一切都给了我们一个明示：你所经历的现实大都不是孩子的功课，如若投射于孩子，孩子必将付出代价。

零食吃还是不吃？怎么吃？

在一次讲座中，我分享了和自己的孩子在零食上的约定，然后打趣地问：“大家有没有发现获得自由的孩子其实管理的成本最低，花钱最少？”大家笑着表示认同。

台下听课的一对夫妻激动地举手发言：“听完故事后很是感慨，从今天开始，我们再也不限制孩子的零食了，也让他像安老师的儿子一样在超市自由选择。”记得在现场，我还笑着说：“这可是你俩当着大家的面表的决心，不是被强迫的，可不许反悔啊。”孩子爸爸回应：“这次是彻底想通了，一定做到。”全场人鼓掌叫好。

结果不到一个月，这个妈妈苦笑着问我：“安老师，你说的那个方法管用吗？自从放开后，我儿子一进超市跟疯了一样，他一车一车地买，家里边已经快堆成山了！”

我忍不住大笑，感叹我们的家长太可爱。我说：“这就是自由的前奏，是个解放的状态。起码从中你能看到孩子被长久地限制后的匮乏和积压的能量。”

我问她：“你还能继续做到遵照你和孩子的约定吗？”

她说：“说实话，这样下去我做不到，这啥时候是个头啊！现在我每次都是忍着。”

我说：“当你忍的时候，你的孩子是知道的。”

她说：“啊，他怎么知道的？”

我问：“你看，当你看到他一车一车地买东西，你有什么样的感受？”

她说：“刚开始还能接受，后来就受不了了。家里买的零食还放着，这次又选这么多，心里就冒火，就想收拾他了。可是想着上次你讲的确实有道理，而且身边好多家长都说就是这样的，所以我就忍着，再等等看。但一看他那样子，我就又很恼火。”

我说：“你的孩子会非常清晰地感受到你隐忍的能量。语言可以作假，行为也可以作假，就像表演一样。你可以表现得你不在乎，但你内在两股冲突的能量才是真相，一个声音不让买，一个声音让买，时刻都在斗争。尤其一到选择零食的时候，这个能量就越发强烈。比起你表演出来的外在的形象，你告诉我哪个能量最强？”

她说：“确实，装着装着就装不住了。”

我继续说：“唯独能量是不作假的，你的内在所呈现出的能量是冲突的、是不一致的状态，而恰恰这一份不一致的能量如此的强烈，以至于孩子总会被拉扯到潜意识的状态里，总会有一种危机和不踏实感，总觉着你会随时制止他。这种不安的能量就是潜意识的能量，促使他老想多买。所以，你的隐忍只强调了孩子曾经被限制过的一种心理障碍。”

成人总自以为是地认为自己很聪明，儿童什么都不知道。其实，儿童直击你内在的能量。你和孩子在一起所形成的关系就是个能量场，孩子就在场域中体验。你再怎么伪装，都掩饰不住你内在的真实。越伪装的人就越别扭，这一点儿童早就知道。如果你跟孩子斗智斗勇，他会配合着你来玩。

聊完这些，我们回到具体的问题上。我说："在家庭中，与孩子建立规则要根据每个家庭自己的特质、自己的条件来协商约定，这样就成为你们自己的生活，而非仰仗某种权威或效仿别人。有可能我的方法只适合于我的家庭和关系，你得发现和探索适合于你们家庭的通道。"

之后，这位妈妈做了调整。我后来看到这个孩子对零食和玩具的占有在慢慢地发生着变化。最终，孩子摆脱了对零食和玩具心理上的依赖。

往往，家长们喜欢依照自己的经验替孩子做决定和选择，这些经验折射出的是每个个体的成长。在其成长中所经历的时代、物质、文化等各种环境都将影响和建构一个人，当然还有在这些背景之下所经历的各种创伤性的事件。这些经验，有的上升到了意识，帮助大家在现实中做出判断和决定；有的储存在了潜意识中，时刻影响着你在现实中做出的判断和决定。在我看来，平时这份深藏不露的经验才是现实中的主宰，除非将它意识化。

小剧场

瞧这一家子（一）

给儿子买的警察系列拼插玩具有些难，超出了儿子的能力，只能由爸爸完成。

为此，孩子爸爸耗时两个晚上和周末的大半天，直拼得头昏眼花。儿子虽不能参与，但一直相伴老爸左右，其心切切。

终于拼成了，一家人甚是欢喜。爸爸享受大功告成的喜悦，我甚至想找一个地方把它作为工艺品保留下来，可是儿子不一会儿就提出了一个请求：“妈妈，我可以把它拆了吗？”

这让我想起了前些天和我们一起在院里堆雪人的男孩，在雪人完成后也提出了同样的请求。我犹豫之后，答应了儿子，于是属于儿子的拼插工作开始了。

极尽繁华，不过一掬细沙，儿童似乎天然地了悟这一点，永远活在当下。成人却往往是拿得起，放不下，被过去所牵绊。

——子健妈妈

2

第二章

隐匿的权威

人性中最大的恶莫过于不让一个生命成长。无论是谁在陪伴孩子，都不能因噎废食，剥夺孩子在成长中的自主权，哪怕是孩子在困难中挣扎的权力。

予人最大的恶莫过于不让其成长

从根本上，爸爸妈妈对孩子的爱是任何人都无法替代的。

无法获得来自父母的爱，就意味着孩子的生命力很难被滋养，孩子从能量上就很难与自己的生命力连接，在这种处境下，成长对于一个儿童来讲就显得尤为艰难。现实中，孩子在很难获得自己内在生命力的支持时，所呈现出的语言、行为、情绪等，多数是消极的、负面的、内耗的、没有行动力的、无法自我实现的。

5岁的帅帅入园已经两年，一个人坐在院子的椅子上，目光游离，情绪低落，自言自语，对眼前正在活动的老师和同学的邀请不做回应。

我走过去坐在他身旁："帅帅，你看上去有些失落，能告诉我发生了什么吗？"

"没人跟我玩，没人和我做朋友。"他带着哭腔跟我说。

"那你愿不愿意参与到你们班的活动？"

"我要再想一会儿。"

"你需要我陪着你想，还是你一个人想？"

"你陪着我。"

于是我陪着他。他给我展示他的水杯和包里的好吃的，并不断地用嘱咐的口吻自言自语：“要多喝水，不然要生病。”

他说着便拿起杯子咕咚咕咚喝了几大口，转向我笑眯眯地说：“看，我刚才喝水了。”

他的语气清晰地给我传递着对其喝水举动赞许的意识，我点头示意。他继续漫无目的地向我诉说着一些家里的事、学校的事，虚的、实的，穿梭在不同的意识空间。他的话很多，也很烦琐，他说话的时候基本都是噘着嘴，带着哭腔，伴着哼哼唧唧的情绪，更像是一个语言发展很好的小小孩。

我的话把他拉回了现实：“你现在想好了吗，要不要去参与到你们班的活动？”

他躲闪我的问题：“嗯，嗯……我要喝水……”

“你想交朋友吗？”我直截了当地问。

“可是他们不和我玩。”

“告诉我，你想不想交朋友？”

我的语言和眼神似乎让他没法再躲闪，他说：“想，可是他们不跟我玩。”

他回避现实的速度极快。我试图再一次把他拉回现实：“如果你参与班级的活动，小朋友就会和你玩了。”

“嗯……我要他们来找我。”

“哦，那你自己得先去尝试着问问他们，因为这是你的需求。”

“他们都不愿意和我玩。”他极快地把自己置于失落的情绪里。

“你可以试一试。”

“我已经试过了，他们不和我玩。”

“你可以尝试不同的方法，比如分享。”

分享的话音未落，他立马抱起小包说：“我不想分享。”表情紧张。

“分享有好多种，有好吃的、有玩具、有图书、有故事、有有趣的事，还有好的心情……”

“我就是不想分享！”

“你可以不分享。”

这时，班上的一个小女孩跑过来对着帅帅说：“帅帅，我们去和老师玩沙包吧。”

“哇！有人邀请你去玩了，赶紧去吧！”

“嗯……我想喝水……”他再次拿起了杯子大口地喝起来。

大概是感觉到拒绝的能量吧，小女孩片刻又回到班级的活动里去。而帅帅对我又一轮的诉说开始了。

我打断了他：“帅帅，你看着我的眼睛，我要告诉你一句话，如果你想交朋友，想和别人玩，就要自己去行动，否则很难交上朋友。”我知道自己的话无法改变他眼下的状态，但我必须把真相告诉他，鼓励并促使他启动使用自己的意识。

为什么一个5岁多的孩子看着像两三岁孩子的状态，甚至脸上呈现出小婴儿的神态？为什么他内在的需求总处在被动的等待，而他自己无法做出选择和行动，并将这一切快速地淹没在自己所表述出来的一堆理由和语言中？为什么他的生命力如此匮乏，断断续续、似有似无？为什么他总是游离在现实之外，没有心力融入？他为什么停止了发展?

滋养孩子生命力的能量一定是爱的能量。这个爱的能量去了哪里?

第二天早上，帅帅入园时缠着姥姥姥爷不肯松手。姥姥声色俱厉，嗓门高亢。她的能量越强势，帅帅的反应就越大，号啕大哭，抓住衣服不撒手，姥爷尾随其后，一声不吭。任凭老师如何安慰，帅帅都紧紧地缩在姥姥的腿缝里，最终以姥姥姥爷的强行离开而结束了这场纠缠。这个早上，帅帅哭得撕心裂肺，哭哑了嗓子。

姥姥对孩子生活上的照顾无微不至，强势，喜欢说教，言语间流露着“我照顾你，但你要听我的”潜台词。这种处境孩子无法逾越。越是最基本的需求，其制约性就越大。怎么理解呢?不过精神生活可以，但不吃不喝不行，生存的基本需求制约着孩子。为了得到最基本的照顾，孩子就得服从于这个关系。

由于长时间处在这种强势的养育模式下，孩子自己体验、使用自己的机会被剥夺了。总是被安排或听从于对方的模式，会导致儿童内在产生“我不够好，我需要他人照顾”的潜在意识，这种意识将不断地自我否定、自我攻击。孩子在这种状态中，既无力又无法自我负责，在关系中就会很容易对他人产生依附心理。

孩子为什么必须仰仗姥姥姥爷的照顾?孩子的爸爸妈妈又去了哪里?他们在孩子的生命中扮演着怎样的角色呢?

帅帅爸爸在离家不远的另一个城市工作，周末回家。妈妈在某企业上班，平时很忙，下班又晚，多数情况下，孩子和姥姥睡。三代人生活在一起，养育孩子的事完全交给了姥姥姥爷。

我接通了孩子妈妈的电话。

她说："我觉得帅帅没发展好，是不是很严重啊？我们也没时间照顾他，平时都是老人帮忙带。他现在5岁了，是不是已经晚了，来不及了？老师建议他在幼儿班多待一年，说这样可以给孩子一个调整的空间，目前的状态无法到预科班（大班）。这怎么行啊！我现在就开始每天晚上教他认字、读数，他不学我就骂他，给他说，你不学就不能上小学。孩子哭着说他不想上小学……"

她说："上周末在家给他吃药丸，不吃，我和他爸教训他，打了他，水泼脸上，关到一个屋子让他反省。他是不是不服管啊，把我们给气的……"

她说："你说他这样还能调整过来吗，我都有些担心他调整不过来。平时都是我爸妈照顾他，我忙得也顾不上，他爸爸一周回来一次，跟没事人似的，说孩子挺好的，就一甩手掌柜，活得可潇洒呢……"

她说："我们就想让他6岁上学，人家不都这样吗……"

孩子妈妈几乎一口气抛出了她所有的焦虑。交流中，这个家庭的关系逐渐清晰。准确地说，在这个家庭里是由两位老人照顾着两个孩子，一个是帅帅，一个是帅帅的妈妈，孩子的爸爸基本游离于家庭之外。

孩子的爸爸妈妈在享受着双方老人带给他们现实中的种种便利的同时，也将养育孩子的权利拱手交给了老人。他们无法承担、负责，似乎也没有机会承担、负责。这种安于被照顾的关系使他们感到安全和舒适，并在此关系的基础上去理解"养育"。心理上，他们与父母的脐带从未剪断。

与孩子妈妈的交流中，我听到的多数是她既无助又无法承担的语言和情绪。面对孩子的状态，她显得更像个孩子。她把这一切都归结于孩子都是姥姥姥爷照顾，自己也没办法。甚至，她宁愿听不懂我所说的话。

显然，帅帅的妈妈和帅帅在姥姥无微不至的照顾下生活，同时，也正是这份过度的照顾让他们丧失了自我成长的机会。很多时候，妈妈无法把自己归于妈妈的位置，依附于父母是她与父母相处中最为安全的心理模式。

帅帅的爸爸妈妈长期缺位，孩子必须仰仗姥姥姥爷的照顾。但孩子对爸爸妈妈的渴望是本质的，现实的处境无法满足孩子的渴望，他只能被动地选择能够照顾他生存的关系。这种错乱的序位和能量上的拉扯，始终影响和障碍着孩子的自我建构和成长。

人性中最大的恶莫过于不让一个生命成长。无论是谁在陪伴孩子，都不能因噎废食，剥夺孩子在成长中的自主权，哪怕是孩子在困难中挣扎的权力。

老人适当地协助自己的子女带孩子本无可厚非，但是父母不可以把养育孩子的责任和使命拱手交给他人，也包括自己的父母。在你选择过成人的生活之前，先让自己成长为一个成人；在选择将要参与一个生命成长的历程之前，先启动自己将要成为爸爸妈妈的意识。无人能够替代父母在儿童生命系统里的序位和他们所需要的爱。

对于儿童来讲，父母的爱，就是他们生命力的能量。当儿童丧失了与父母的连接，就等同于切断了这个能量。当儿童失去了形成自我的源泉，他呈现无法自我负责的状态也就很容易理解了。

不要将孩子托付给一套理论

课间休息，有一对夫妻提出他们的问题。

孩子出生后，他们读了一本关于儿童睡眠的书籍。读完，他们就决定给孩子矫正睡眠。依据书上的理论，他们认为自己的孩子没有学会如何自己入睡。

所以，他们严格按照书上的方式，让孩子吃饱后，只要到达设定的睡觉时间，就开始进行睡眠矫正，其实就是不回应孩子的哭闹，一直让他哭着睡着。但是，在哭的过程中，他们会在外面等待一分钟、两分钟、三分钟……逐渐拉长等待的时间，达到一定的时间后，再进去安慰孩子："我们没有抛弃你，只是为了让你学习自己如何睡觉。"

他们说这个方式表面上看非常奏效，第一个晚上孩子就可以连续睡长达6小时，之后也确实学会了自己如何入睡。但是从那次之后，他们发现孩子睡觉的时候总是喜欢咬下嘴唇，随后开始出现了夹腿综合征，躺在床上摩擦自己的生殖器。他这样做的时候，会出大量的汗，感觉很舒服的样子。

我对这对夫妻说，请你们回去，把孩子像一个婴儿一样，重新养育一遍，用全然的爱去接纳孩子。

这个时候这位妈妈继续说：“我一直在考虑要不要问这个问题，我一直觉得自己的孩子非常阳光、自信、开朗。在我的印象当中，我对我儿子的评价都非常高，他非常好，虽然有自己的叛逆，但是在他叛逆的时候我还是非常能够理解他、接纳他，因为我在他10个月的时候就接触了新的教育理念。我想问问您，像他这样有心理创伤的孩子，为什么他现在还表现得那么自信、大方？我不知道是我没有意识到、没有真正关注到孩子的问题，还是我一直在自我安慰？”

我问她：“你的孩子现在2岁3个月，是吗？”

她说：“是的。”

我回头问旁听的学员：“大家听完这位妈妈的描述，你们觉着孩子有多大？是不是会以为是一个大男孩？”

我继续说：“所以他只是一个孩子，2岁3个月的孩子。但是母亲赋予这个2岁3个月的孩子太多太多的想法。你陷在你的理念中养育孩子，孩子活在你的想法中。”

我也许说得过于直白了，但是我发现有非常多的家长很容易把自己的孩子交给一套理论、一本书、一种想法或者一个权威。这个过程甚至取代了和孩子之间最直接、最真实的连接。养育者和孩子之间并不是直接的关系，而是一种间接的关系，中间隔着一套又一套的理论。所以孩子被隔在另一端，你们的情感纽带中是有条件的。

在这个妈妈的故事里，孩子和妈妈有情感互动的条件就是“你得睡觉”，所以他就必须睡好觉。当孩子以这样的方式配合爸爸妈妈的时候，才能获得妈妈和爸爸对他的认可，才会赢得爸爸妈妈，进而满足他的心理需求。对于一个几个月大的婴儿来讲，这是暴力的。

一个婴儿一晚上醒数次很正常。你一定要赋予他一个说法，不会自己睡觉也好，入睡困难也好，这些都不重要。重要的是，孩子醒来的时候能够看到谁？谁能回应他的需求？谁能带给他重新入睡的安全感？这个人在用什么方式陪伴他？

本质上，孩子需要爱，他呼唤爱的时候你很焦虑，你所给予的不是孩子需要的，而是跟孩子的现状没有关系的。包括这位妈妈谈到“叛逆期”这样的概念，我们可以看到，有时候父母确实不明白儿童的行为是为什么，对发生了什么不理解，但这并不影响你对孩子的爱。重要的是，你爱你的孩子，你带着爱的意识，而不是割裂这份关系，去书本、文字、理论中找一个方法，用这个方法带你的孩子，这无疑是一种危险的做法。

20世纪美国心理学家约翰·华生提出了“不要过度关照孩子”的心理学思想，并衍生出了哭声免疫、延迟满足、婴儿独立完整睡眠等一系列养育方式。在他的理论中，养育是可以完全程序化的，结果就是一个鲜活的生命被量化、格式化地处理，使一大批儿童饱受创伤。

所以，爸爸妈妈的注意力不是试图去分析孩子，去把他的行为理论化。不要去放大你所知道的那些理论、知识和方法，你跟孩子之间有一个最本质的连接，在你孕育他的时候就存在，这份连接会唤醒你。没有任何一个妈妈或者爸爸是把自己训练好了如何爱孩子才生孩子，都是在跟孩子相处的过程中一点一点地体验，并不断地升华。

这就像一个身材高大、略显粗糙的男性，10米开外就能感觉到他杀气腾腾的能量，一转眼和自己的女儿相遇的时候，他那份戾气瞬间就被转化了。不是这个男人知道自己如何爱，而是孩子会唤醒他本身的柔软，唤醒他内在爱的能力。

我的孩子满月不久，妻子想带着孩子回自己的父母家住段时间。那段时间我很忙，个把月的时间转眼就过去了。妻子似乎还没有在父母家待够，但于我而言，初为人父，总觉着和儿子分离的时间太长，很多时候都想不起他的模样。我对妻子发来的照片惊叹，婴儿生长的速度太快，变化太大，接他们回家，我心切切。

我在岳父家住了几天。记得我每次出门回来，岳母都会有意提示我在门口或客厅待一会儿，然后再去亲近孩子。老人们都会有一些讲究，说从屋外走热了的人会喷着孩子，可能是当了爸爸的缘故，对这些说法就宁可信其有，不可信其无，我没多想。

一次，我外出回去，一进门，妻子抱着孩子站在客厅正对着我，看见我就自然地给孩子说："看，爸爸回来了。"也就换鞋的工夫，儿子的身子咯噔抽了一下，紧接着就开始大哭，脸哭得通红，一口气接不上另一口气的感觉。

出于本能，妻子即刻抱着孩子转过身背对着我，她很不安。岳父岳母迅速隔在我和他们之间。孩子哭得厉害，岳母对我说："你先坐那儿。"然后，他们进了卧室。

我坐下来觉察，难道我真是带着什么邪风，或者不好的能量？不对！根本就不是这样！孩子哭了就是哭了，我也很确定自己是什么能量。于是，我站起来，走进卧室。孩子依然哭得很厉害，妻子抱着孩子，岳父岳母围着他们，房间里弥漫着焦虑和不安。

我依然被隔在外围，这种下意识的阻挡碰撞出了我的斗志。我说："让我看看孩子。"或许是我释放出的能量让岳父岳母意识到什么，他们离开了卧室。

我走到妻子身后，她依然背对着我，很不安地抖动着孩子。我说：“让我看看孩子。”她充耳不闻。

我又说：“把孩子给我。”

这一次，妻子好像才听见我的话。我刚要伸手接过孩子，她又条件反射般转了过去，这是绝对的本能，那一刻她根本没有意识到自己在这样做。然后我说：“你爱孩子，我也爱孩子，我是孩子的爸爸。”

这个时候，妻子转过身，把孩子送进我怀里。孩子嘴唇都发紫了，仍哭个不停。我有意识地调整我的胳膊，感觉哪个位置让孩子的身体不舒服就调整哪儿，慢慢地，我把孩子直立起来抱，一只手托着孩子，另一只手腾出来，放到孩子的脊背上，轻轻地抚摸孩子的脊椎。我一边和孩子高度地连接，一边觉察自己内在的情绪，始终让自己处在平静的状态。一会儿，孩子就不哭了，张着嘴和我对视。我什么都没说，心里面不断地调整自己。当我内在非常平静的时候，孩子也安静了下来。

然后，我慢慢再次将孩子平放在怀里，一会儿他就睡着了，因为哭累了，也因为安心了。我再轻轻把他放到床上，感觉到他的身体舒展了。

当孩子需要安慰和陪伴的时候，陪伴者内在的能量一定是稳定的、确定的、有爱的。恐惧和不安的能量无法支持到孩子。当我们与孩子之间被任何能量所阻挡，就意味着我们很难和孩子产生连接。这些能量有可能是某种信念、某种思想、一本书、一个经验或者某种传说，唯独不是你和孩子直接的关联，不是你和孩子之间所形成的场域，不是你和孩子的关系中纯粹的爱。

所以，如果你陪伴孩子，一定是有意识的自己。并不是孩子需要你24小时的照顾，而是你跟他在一起的时候，你对自己是有觉知的，你警觉于自己的状态，警觉于孩子的状态，警觉于你和孩子的互动。你以什么样的状态陪伴孩子很重要，而不是你有什么样的理论或拥有什么方法将你和孩子分离。

你是领导、妈妈和你自己

你是否觉察过自己的各种角色？

或许，你是一个爸爸、一个妈妈、一个领导、一个教育者、一个受害者……

当处在不同的关系里，就呈现不同的角色。这么一说，似乎每个人整天都穿梭于各种关系，并在不同的关系里频繁切换角色。

“角色”这个词很是形象，它很快让人联想到“入戏”。就如一个表演者在剧情里的某个角色。在剧幕拉开时进入角色，剧情结束时也需要出离，这个过程是自由的、有意识的。如果以这样的视角去观察自己不同的角色，就不难发现随着关系的变化而转换的角色，在其转换成下一个角色时就变得异常困难。有时，关系已经变化了，但角色依然没有转换。我打趣地说：“这是入戏太深，在剧情里迷失了。”

一旦迷失，其表现就是被某种角色完全地控制，这种状态不能被觉察的时候就是一种无意识的扮演。并且，这种扮演会蔓延到其他不同的关系里，释放其能量。这种错位的能量往往会破坏关系，导致关系出问题。

早些年，我接待过一位来访者。那是一位女士，与她同行的还有两个人——一位比较年轻的男士、一位年长的奶奶。这个奶奶我认识，是我们幼儿园的一个孩子的奶奶。女士走在最前面，气场很强大，老奶奶和年轻男士紧随其后。

得知咨询孩子入园之事，我便请他们到办公室入座细说。走进办公室，女士先坐在三人沙发的正中央，老奶奶坐在我办公桌对面的一把椅子上，年轻男士站在门口不落座，略显尴尬。我请他坐到沙发上，他有些迟疑，说站着就好。

我的办公室空间不大，我又一次邀请这位男士坐下说话，年轻男士越发尴尬。

男士说："我可以站着。"

话音刚落，落座的女士跷起了二郎腿，打开双臂放在了沙发的靠背上，身体顺势向后一靠。女士的这些举动既连贯又自然，没有半点含糊。倒是办公室其他的几个人略显尴尬。这似乎有一种暗示的能量，就是让这位男士离开办公室。

我问这位男士："你是第一次来我们幼儿园？"

他说："是。"

我说："你想不想参观一下？"

他立马回应"那我先去参观参观"，然后顺势解脱般溜出了办公室。

我回过头来看这位女士，问："你有什么事？"

她说："听说你们幼儿园还可以，我想过来看看。"

以往来的家长基本上都是我接待，我需要透过和家长的交流，了解孩子的基本情况。

于是我继续问："你是听谁说的？"

她指着对面的老人，说："我是听这位阿姨说的，她的孙子就在这儿，她说挺好的。你给我讲一讲，你们这个教育到底好在哪儿？"她的语气中有一种习以为常的盛气凌人。

我说："那好，我给你讲讲。"

我刚张口要说，她又说："你抓紧时间，我特别忙的。"

我看了看她，回应道："那这样吧，你先去忙，等忙完之后再来。等你闲下来，我再给你讲讲这个教育。"

她一下愣住了，应该是之前没有人对她这么说过话。到这里，我俩基本上把天聊死了。

就在这个时候，坐在我办公桌对面的奶奶插了一句话："安老师，我给你介绍一下，这是咱们银川市某某局的局长。"

我暗自窃喜，顺着老奶奶的话说："在我的眼里，人只有两种，一种是男人，一种是女人。这个男人，孩子管他叫爸爸；女人，孩子管她叫妈妈。你告诉我，你的孩子出什么问题了？"

这位局长警觉了一下，迅速收回了胳膊，放下了二郎腿，身体往前一倾。看她愣了半天不吭声，我又说："你说吧，孩子出什么问题了？来我这儿的家长，要么是咨询入园的，要么就是咨询孩子成长中出现的问题的，这很正常。"

她说她的儿子3岁多了，到现在不开口讲话。她带着孩子走了好多地方，好多人说孩子有点自闭倾向。"我听说你们这儿还可以，就想过来了解。"

话到此处，我才感觉到在她僵硬的外壳里，有一些情绪开始涌动。这个谈话开始靠近真相了，我决定狠狠再敲打敲打。

我问："你想知道原因吗？"

她说特别想知道。

我说："我不知道你当了多少年局长，你或许在单位是一个好局长，但你未必是一个称职的妈妈。"

她的身体下意识地往起提了一下。我否定了她做妈妈的角色，我确定这种否定在此刻是必要的。

我说："从你走进我的办公室，短短的几分钟，就能感觉到你的能量场总是凌驾于他人之上。我并不知道你是局长，但是你做局长的能量已经展露无遗。这个身份就像一个巨大的壳子，把你箍得很死，完全是一个被锁定的状态。外人除了能感受到你的坚硬和强势，根本没有机会触摸到你内心一位女性柔软的能量。除了局长，你忘记了自己以及其他很多的角色。"

这就是我刚开始说的，入戏过深。可以当局长，但是要懂得解甲归田，这是非常重要的一个觉察。人不会总在台上，也有台下的时候。

我决定把话再说透："话说到这儿，你看，你是你们单位的局长，但是你为孩子入园的事情咨询，来到我的地盘。你是客，我是主，但是你进我的办公室，给我一种错觉，感觉我走错地方了。我是这个学校的主人，你今天来咨询孩子入园的问题，在我们的关系中，你只是一个家长，在我的眼里，你只是一个孩子的妈妈，这是我们的秩序。如果你有觉察能力，进学校的时候，你就得放下局长的角色，走进妈妈的角色。你不能到处给人当局长啊！"

我跟她这么聊的时候，她听明白了。

我继续说："你看，哪怕你把我当作市民，做我们这些市民的局长，也无可厚非了。但是你回到家里，孩子也成了你的下属，这就是问题的症结。他不说话，是他长期没有和自己的妈妈在一起，他跟某某局长在一起生活，你想一想，他的压力得有多大？更别说去成长和发展自己了。"

我的话刚落，奶奶又补充道："孩子的爸爸是某区的副区长。"

顿时，空气就像凝固了似的，既幽默又讽刺。

停了停，我告诉她："我不能再多说了，你能听进去，就去调整自己。你做回孩子的妈妈，孩子就有希望；如果你们继续给孩子当领导，问题会越来越严重。"

我铆足了劲，把她的外壳往碎了敲，希望她能听进去。

最后她问："能不能报名？"

我说："可以，但是一年之后你再来，我得看到你对孩子的改变。"

临走，我给她写了一个书单，让她从阅读开始。一年后，她来了，骑个自行车，挺喜悦地走进幼儿园。不像第一次，一辆大越野车堵在校门口，其他人都无法进出。

她一进门，我就认出了她。她把孩子也带来了，孩子和妈妈有说有笑。

她说："安老师，你上次真的是批评得很及时，回去我好好地反省了自己，觉得真是不对。这一年自己真是蜕了两层皮，被孩子没少折磨。突然有一天孩子就开腔说话了，话多得收都收不住，好像潘多拉的盒子打开了似的……”

为此，我们都很高兴。那天，孩子也顺利入园了。

这就是比较典型的迷失在角色里面的状态。如果入戏太深，又不能觉察，就很难卸下自己外在的角色。在现实中，人处在不同的关系、不同的环境里，就会有各种角色需要不断切换，在此需要警觉。

平日里，我也是如此。作为一个教育工作者，我进家门前的第一个工作，就是有意识地放下自己教育者的角色。总不能让儿子叫我“安老师”吧？这就出问题了。一旦你无法放下某个角色，就会在现实里面制造麻烦，秩序就会被打乱。比方说，企业老板不卸担子，回到家里面就成了家庭老板，让一家人都处在错乱的秩序里。

这是我们生活中很常见到的将能量锁定在了角色中的一种情况。在这种情况之下，我们要觉察的是，我们当下所处的关系变化了，在关系中的角色也要随之切换，角色一定是和具体的关系相匹配、一致的。所以我们需要意识到自己生命中的诸多面向，然后时刻去跟踪和觉察自己的角色。怎么觉察？自问一下，此时此刻谁是我？在当下，谁在做我？这样的反问会立刻让自己意识到当下所处的关系。回归家庭的时候，属于家庭关系中的角色就要启动。

另一种情况的角色锁定更为常见，就是放不下角色。我们有外在关系中的角色，还有内在的自我，这二者同时存在。如果我们断绝了与自我的相处，无法回归到自我中来，我们就失去了这个内在的支持系统。角色没有支配者、支持者，你成了角色本身。而一旦角色本身没有生命力，便要依靠外在的关系去支持自己，耗尽时便要透过剥夺关系中对方的能量去存续。这是我们要警觉的角色的另一个层面。

我们就用“妈妈”这个角色来举例。

你是一个妈妈，此时此刻“妈妈”这个角色在做你，当你和孩子在一起时，你不仅仅是孩子的妈妈，同时你还是你自己。你在扮演“妈妈”这个角色的同时还拥有一个自我。这两种能量同在。如果你无法觉察到自我这一部分的时候，就不能做到自我负责。什么是自我负责？就是你为自己选择做“妈妈”的角色来负责。也就是说，当你仅执着于“妈妈”这个角色的时候，此角色在现实中所带来的责任、所产生的各种压力、所滋生的各种情绪和烦恼会不间断地消耗这个“妈妈”的能量。如果没有自我的支持，这个“妈妈”的角色就无法被滋养到。久而久之，能量会消耗殆尽。现实中，越执着于做一个好妈妈的人就越没自我，自身的能量就越损耗得厉害，这就是内耗的模式。

谁来安慰你？一定不是你的孩子来安慰你。虽然你是孩子的妈妈，但安慰你的一定是你做妈妈背后的自我，这是自我支持的内在结构。在关系里，角色的能量一旦开始内耗，就一定会剥夺对方的能量，这意味着你在做妈妈的角色里面迷失了自我。一个没有自我的妈妈，是无法自我支持的，所以就注定了她会剥夺孩子的能量。同时，一个没有自我的家长，是带不出一个有自我的孩子的。当孩子的妈妈无法自我滋养和支持到“妈妈”这个角色的时候，就会剥夺孩子的能量，这就是孩子为妈妈负责任。孩子一旦为妈妈负责，就没有足够的能量来建构自我。

当一个没有自我的妈妈内耗到没有能量的时候，就会剥夺孩子的能量，而不是向内寻求自我的支持。我这么表达的含义是什么？在关系中我们需要时刻去觉察，时刻跟自己有一个互动：我此时此刻是孩子的妈妈，但同时我还是我自己，我知道在这一刻，我选择了做孩子的妈妈，我为我的选择负责，也就是让自我来负责“妈妈”这个角色在现实中所有的状态，让自我来安慰和照顾“妈妈”这个角色。这个时候你把因归到了自我有意识地选择上；当有意识地选择时，就是自我的决定。

一个人在关系中能为自己的角色负责，就意味着他独立了、成熟了，也意味着他把注意力放在了对自我的觉察上，而非在关系中向他人求索，试图获得外在的能量。当扮演的角色回归于自我时，自我支持、自我疗愈就被允许了。就如你可以跟孩子说：“我现在需要一个人待一会儿，我需要照顾一下自己的情绪……”把角色交给自我，内在的慈悲就诞生了，疗愈便发生在其中。这个历程就是自我负责。

不小心就剥夺了儿童成长的权力

隔壁小区的院子，有一个双排的儿童滑梯，总能聚集一些小孩和家长。孩子们玩耍，大人们闲聊。

眼前这两个玩滑梯的小男孩吸引了我和2岁的儿子。

他们略显粗糙的皮肤透着暗红和粉嫩，他们的眼睛黑亮，笑声爽朗，额头上若干个碰撞的新老疤痕格外引人注目。他们的模样立刻把我的感官拉向了辽阔的草原和松弛、淳朴的民风，不由自主地让人觉得简单又轻松。

他们俩你追我赶、上上下下地往返于滑梯，玩得满头大汗，但没有丝毫的倦意。无论谁先跑到滑梯口，都能耐心地等待对方赶过来坐在另一个滑梯口上，这是他俩的默契。可能是他们穿开裆裤的原因，皮肤直接贴着滑梯，摩擦力较大，滑下去有点困难。只见他俩头挨头、肩并肩，大一点的男孩搂紧小一点男孩的脖子，小一点男孩搂住大男孩的腰，然后两人的头一起向后一仰，再一起使劲往前一倾，整个身体顺着惯性的带动，嗖地滑了下去。只听见屁股和滑梯间磨出“吱儿”的一声长响。正值暑期，这声音总给人一种火辣辣的感觉。最后，两个人滑落在地上，哈哈大笑，紧接着又站起来，往滑梯上跑去……

我惊叹于这两个小男孩身体的行动力、身体的协调能力，以及他们对空间的把握和确定。最精彩的就是他们俩合为一体的协作：他俩搂抱着身体一起向后积蓄力量，而后又猛地往前发力，利用这创造出的惯性带动整个身体下滑，既勇猛又充满了智慧。我想，这一定是跟孩子平时大量的活动分不开的。孩子有活动的自由，身体就走向自由，蕴藏在身体里的智慧就不断地被破译和显现，身体的能量就不断地释放出来。与此同时，身体伴随着生命内在的情绪、感受、心理以及认知等逐渐呈现和发展。

听一旁的奶奶和别人唠家常。她有好几个儿子，大儿子上了大学，毕业后就留在了城市工作，暑期孩子在家没人照顾，就叫她来照看。可她要是来照顾城里的孙子，农村俩儿子的孩子就没人看，她索性就带来一起看着。两个男孩是堂兄弟，大的3岁，小的2岁。孩子奶奶的话多，尽顾着跟旁人闲聊，不怎么管孩子。不时有人提醒她看好孙子，她就扯着嗓门冲滑梯方向喊两声，然后又说："没事，山里的娃娃皮实，自己玩去。"这一点倒是从两个孩子额头的疤痕能看出来。

孩子的奶奶虽然这么说，但也暗合了相当一部分人的观点：生活环境的差异给孩子创造的机会不一样，城市和农村的自然环境的差异似乎就决定了孩子身体活动的条件，或者还有其他方面。这样的角度和观点有它的合理性和现实意义，但孩子们磕磕碰碰的感觉是不能被分别看待的。这本质上是养育者对待孩子磕磕碰碰的态度存在的差异和反应，决定了儿童身体的活动范畴和自由度；养育者们不同的观念和意识的差别是决定儿童成长状态的根本因素，并由此派生出了儿童成长环境中最重要的环境——人的环境。

儿子被这两个玩滑梯的小朋友的情绪所感染，指着说："滑滑梯。"他那时说话都是以词汇、短语为主。我和他一起走到滑梯的台阶处，扶着他上到滑梯口，他坐到滑梯口上感觉了半天，不能确定往下滑，随后他把两条腿收了回去，然后选择趴在滑梯口上，两只手用力伸向滑道。我知道，他对那个空间是不确定的，他选择用手来感觉和探索。他使了半天劲，只是手和脑袋在动，但是想滑下去的愿望却异常强烈。他抬头示意我，让我帮他滑下去。我扶着他轻轻往下用了些力。滑下去后，他鼻子蹭在了地上，哭了。

在我安慰儿子的同时，那两个小朋友一趟又一趟、一趟又一趟地滑，全然地投入，全然地大笑。

这似乎是每个父母逃脱不了的遭遇，我也不例外。理性上每个孩子没有什么可比性，可是眼下这赤裸裸的场景也着实够辛辣的。

为此，我很感慨，我觉得儿子的自由度真的是很大，但透过观察就不难发现，我们在照顾孩子的过程中，由于自身的观念、心理空间、意识以及生活的习性，会在不经意间剥夺孩子栽跟头的权力。

对于儿童，拥有活动的自由，就拥有了成长和建构自我的契机。自由，不仅仅是儿童成长的必要条件，更是反映他们在其生存环境中的生命状态。当儿童处在环境中，不是说他们能够获得多少成长的自由，而是环境本身的意识是否趋向自由，是否有自由的意识存在。自由的意识，似乎在关系中超越了自然和人为的因素，从而使养育者有了更清晰的一个觉察：孩子成长的自由绝非养育者的给予，而是孩子本性的使然。在与孩子的关系中，养育者需要唤醒自己尘封已久的自由的意识，带着这样的觉察走出禁锢的盔甲。

你自由了，就看见了自由的孩子。

第十四种鱼

有一年，我所在的宁夏蒙特梭利国际学校与西安一所重点小学进行教学交流指导活动。在四年级的一个班上，我和李燕老师被安排去听一节美术课。这节课的主题是“装饰鱼”。

老师在进行完讲授之后请孩子们开始绘画鱼的纹样，并告诉孩子：“展开你们的想象，想怎么画就怎么画。”

说话的间隙，孩子们开始准备工具，而老师以最快的速度在黑板上画了一黑板各种鱼的纹样。我数了数，一共13种。我想，这大概是老师自己知道的、所有的关于鱼的图案了。

孩子们开始画了。老师在教室逐排巡视指导，几乎每走到一个课桌前都要轻敲一下桌子，并说“嗯”“不错”“挺好”……显然，孩子们被打搅了。走到第三组倒数第二排的一个小男孩桌前，她皱起眉头重重地敲了一下桌子。男孩抬起头看着老师，老师停顿一瞬后便压着声音低沉地说：“不会画就看黑板。”然后瞪孩子一眼，转身离开了。在接下来巡视的途中，老师一直不忘强调：“想怎么画就怎么画。”

最后我才搞明白，这句话是说给我和李燕老师听的。等第二圈下来，老师再一次走到这个男孩课桌前，看了一眼后，脸一沉，什么也没说就走了。男孩依然抬起头来看了一下老师，又低下了头作画。

很快，这节课到了尾声，许多同学已完成了作品，不出所料，没有一个孩子的作品超出黑板上的13种鱼的纹样。而那个男孩依然坐在自己的位置上，没交作品。

我起身走过去。哇！在我的意料之外！让我的失望中有一丝惊喜——他的作品就是那第十四种，他起名为《大怪鱼》，看上去更像一条会变形的金刚鱼。这条鱼一下把我拉进这个孩子的世界，他的兴趣、他的玩具、他平时和伙伴们讨论的话题……他有些紧张，所以迟迟没有交作品。我想为他做点什么，但此刻我又能做什么呢？于是，我俯下身，偷偷地对他说了一句话："你的作品是这个班画得最好的，没有之一。"

他含着复杂的情绪看着我，我盯着他的眼睛告诉他："相信我！我是专家！"

最后离开学校的时候，我总感觉身后有人跟着，回头看，那个男孩尾随在后面，羞答答地笑着……我挥手道别，跨出了校门。

我们回头来看这堂课，从教学内容、教学要求及目标都呈现的是以"鱼"为主题的、自由创作的绘画课，这就是这节课程本身的共同约定，也就是这节课的规则。用老师的话说，规则就是："展开你们的想象，想怎么画就怎么画。"这给这节绘画课定了一个基调——自由创作。

但就在孩子们准备动手创作的间隙，老师快速地将自己知道的13种鱼的纹样全部画在了黑板上。请注意，在这里，混乱产生了。也就是说，老师的这一做法破坏了这节课的教学约定，这种做法就是权威。

由于这样的破坏，使孩子们处在混乱的环境里——孩子们要以自己的方式自由地来表达他们认为的鱼的纹样，还是选择黑板上的其中一个？这成了问题。如果你是这些孩子中的一员，你如何做选择？当下，我就和李燕老师做出了一个评估，全班没有一个孩子会按照课程要求来完成自己的创作，作品不会超出黑板上的13种纹样。这就是权威的一个面向——暗示的力量。这种隐匿的权威足以控制一个儿童的自由意志。孩子们也没有任何可能性去独立地使用自己，以自己的方式思考和表达，也就是自由地展示自己。

最后的结果在预料之中，也在意料之外，全班48个孩子，47人均选择了黑板上的其中一个临摹，只有那个男孩坚持做自己。你能想象这个孩子的心路历程吗？

所以我们为什么要建立规则？其目的就是把专制、强势、暴力以及一切对儿童成长控制的能量阻挡在外，让孩子能够在任何一个空间创造一个完整的自己，使其成为一个真正意义上的自由的人。也只有在拥有规则的环境中，儿童的成长才得以保障，儿童在使用规则的同时逐步增强其力量感、界限感、自尊感，以及自我管理、自我负责的品质，而不是纠缠在无序、不平等的关系中，建构奴役的人格状态。

也因此，我们在帮助儿童建立规则的过程，也是认识和觉察我们自己潜在的权威意识的过程。权威消失了，平等就诞生了。所以，在权威横行的环境里，规则就显得尤为可贵，它让人与人之间、成人与儿童之间，所有的关系有了界限、有了和谐，也有了觉察和进化。我想，这就是建立规则的意义和目的。

瞧这一家子（二）

一家人散步回来坐在小区椅子上休息，儿子对我说了两句话："爸爸，我爱你！"然后他又看着夜空说："爸爸你看，今天的星星好像化了一样，一个都没了!"

——子健爸爸

当我问儿子："爸爸出差了，你想不想他？"

儿子说："我一般只会爱一个人，而不会去想他。"

——子健妈妈

3

第三章

有意识地生活

什么样状态的人跟儿童生活在一起，我们说什么样的教育便发生了。教育根本不是你选择把孩子交给一个学校，交给一个老师的问题；教育的问题也根本不是孩子的问题，而是教育者本身的问题。谁跟孩子生活在一起，尤为重要，你以什么方式生活就是教育的呈现。

把你的态度放进生活的环境

每到一个地方，我会特别注意环境，也总能从环境中感受到生活在此地的人的审美、意识和他们对待生活的态度。我总以为人与环境的关系是相互照应的，人照顾环境，反过来环境就会滋养人。因此，环境也是人的意识的一种外化。

我们在银川的小学因为场地的原因，辗转搬到郊区一所闲置数年的学校。

眼前的校园，杂草丛生，空间里色彩斑驳，卫生间地基下陷，设备陈旧，百废待兴。校舍除了给人一种被荒废多年的凄凉感之外，更多的则是这里缺失了人文态度。了解我们小学财务状况的朋友说："现在你们办学这么困难，搬过来能用就先用着，不必这么大动干戈，别再浪费精力去整改环境。"

但搬之前，我们依然决定对环境进行整改。

家长提前得知了迁址的消息，都陆陆续续去新址参观了学校的环境，看法不一。直到开学，他们再次走进学校，发现环境完全不一样了。大家都在惊叹这两个月的时间里到底发生了什么？在我看来，没别的，就是我们这个团队把对环境的理解，把我们的意识和态度带了进去，我们就是要通过行动与孩子们共同经历并传递一个信息：环境是可以被人创造和改变的。我想，这也是教育很重要的一部分意义。

开学后，以班级为单位，老师带着孩子们在闲暇之余到学校的各个角落清洁、维护——从自己的班级开始，从自己用的桌椅板凳开始，以此来慢慢扩大——让孩子们透过这样日积月累的、漫长的维护、建设，一点一点去看到环境在自己的手中一天天地变化。我们的家长每次来到学校，也会看到学校一点一点在变化。

我们共同经历的这个搬迁事件，并不简简单单是我们拥有了一个校舍，解决了一个现实中的问题，更重要的是我们在这样一个现实中，还会有意识地去照顾环境，使它更为舒适；还能够去建设，使它更美好。我们先照顾环境，反过来，环境就会滋养到我们。这在我心里，是人与环境之间的关系。

2017年我去了苏州的拙政园，中国四大名园之一。没去之前脑子里总有山水萦绕、亭榭精美、花木繁盛等这些描写江南园林的画面。作为土生土长的西北人，我对江南的精致、秀丽还是抱有很大的好奇心的。真正到了拙政园，我却感受到它的疲惫不堪，被人打搅得有些过分。硕大的园子，只能看见攒动的人头。顺着人流，越走越累，加之天气闷热，不由得烦躁。我想身体不会欺骗自己，这种烦躁就是那一刻最真实的感觉。园子的后方有一排卖纪念品的小店，店门口的一只老黑猫，趴在长条凳上一动不动，一摊涎水，两坨眼屎，已无心打理自己。我觉得这只猫就是园子的一个真实写照。

当时我就觉得可惜了这座园林，让这么多的人每天轮番进来参观，为什么不让它有休息的空间？本来就是一个私家花园，现在变成一年四季被猎奇的对象，不堪其扰，书上描写的那种生机、灵秀、精致都已经消失殆尽。它被打搅得太厉害了，无论是游客也好，还是管理园子的人也好，都是行色匆匆，从它的身上索取，却没有让它得到足够的照料，这就是这座园子和人之间的一种关系。人不养园，园不养人。

我也去过其他的一些地方，像敦煌莫高窟，每年有固定的几个月让游客进行参观；参观的时候需要提前在网上预约，不预约的游客只能买临时票，能参观的地方就很有限。这样一来，环境本身就会有喘息的空间和休整的时间。不仅人需要休息，任何一个环境、任何一个物品，都需要有一定的节奏和章法去疗愈自己，能量才得以平衡。

让我们把这个话题回归到家庭。“你的房子”和“你的家”中间有一个距离，这个距离就是住在这所房子里面的所有成员，对房子本身的一种态度。如果在这所房子里没有关照，这所房子的场域是不舒适的，它就不会滋养房子里面居住的成员。房子和家之间的距离就在于此。当人们照顾这所房子，有意识地每天收拾收拾，这个房子里就会融入一种能量，被照顾的、爱的能量，人和房子就有了互动。

我第一次接触集体宿舍，是在我的大学。8张床，上下铺，住着7个人，一张床是空的。记得大一时，每次宿舍卫生评比，我们都拿奖，原因是屋子乱了我会不舒服。早晨有人不叠被子，我看着那些被子摊在床上，就会不舒服，顺手就给别人把被子叠了，把宿舍收拾得干干净净。我就是在这样的家庭中长大的。

多年后，当我再次看到某集体宿舍时，眼前的情景让我大吃一惊，“颓废”这个词立刻就跟这个宿舍里的人有了关联。我感到在这里住宿的人没有一个对这个环境是尊重的、是有意识的，成长中的习性和生活态度在这个空间显得一览无余。只听大家抱怨住得不舒服，但从未有过觉察，这种不舒服就是他们自己创造的。

我有一个朋友，我们经常在一起聊环境，她也喜欢听。有一天她说：“你到我们家去看看，我觉得我们家啥都没有，你帮我看看这个房子怎么设计，需要添置什么家具。”

她这么说，我也感觉挺良好，所以就相约我的同事两个人一起去了。进屋一看，又大吃一惊，她的书架上放着杂七杂八的东西，书全放地上，每个房间都放一摞，一直放到卧室，最多的书被放在卧室的大床底下。

我说：“为什么要把书放到床底下？”

她说：“方便，我躺在床上，手往下一顺，书就拿上来了。”

大床底下除了书，还有鞋盒子什么的。房间里没地方下脚，也没地方下手。

我说：“那我们就开始行动吧。”

我和同事帮她把家具放到我们认为合适的位置，再把书归置到书柜里……归置完了也就一个多小时。朋友在客厅走了走，卧室、厨房走了走，笑着说：“奇怪了，我觉得我们家什么都没有，今天一整，好像什么都有了，而且感觉空间还蛮大的。”

就是这样。在我们的成长和教育中缺失这个部分——环境中的秩序和审美，或者说缺失了我们对环境的一份态度和意识。木心说 “没有审美是绝症”。我不太同意，我觉得还是有希望的。为什么有？只要你有意识地开始观察环境，对自己所居住的环境放进去一个照料它的态度，你和环境的互动就变得敏感和警觉起来，这部分的意识就启动了。

同事聊天时说：“阳光出来的时候，收拾一下屋子，放一把椅子在阳台，泡一杯茶，坐到阳光底下，就那样静静地坐着都是一种享受。完了再把椅子搬回去，搬进搬出，跟着阳光挪动位置，也不会觉得麻烦。就在平淡的日子里创造了一种氛围。”我的同事、身边的朋友，有大量这样的人，所以我们在一起时常会聊一些关于环境的话题，互相走访的时候也喜欢谈论各家的布置，长处是什么，短板是什么。聊这些事，其注意力并不止于每个环境表象上的差异，我们更感兴趣的是这些差异背后的意识状态和感觉。

我们先不去讨论一个房子该怎么设计、怎么收拾、有什么材料、用什么色调。这些话题很好，但容易把这个问题一下变窄。我们就使用自己的感觉，你的感觉对你的房子来说是最好的。你觉得该怎么收拾你就去收拾，那就对了，因为是你在那里住，那是你的生活。你的感觉进去了，时时刻刻都在创造。

一旦你处在环境中不舒服了，桌子、柜子落灰了，就立马行动起来，去调整这个境况。把你的意识带进去，让你舒服起来；你把椅子放到太阳底下，隔两天你觉得太阳底下不好，你可能放在落地灯下面或者某幅画的侧面……就这样去跟你的环境互动，去感觉你所处的环境，这是创造性的。

如果环境带给你不适、带给你压力，你放在那里不管不顾。时间久了，你没有感觉了，但那个压力却变成了压力感，留存在了身体里。压力是现实中令你不舒服的、实实在在的事，但压力感是你面对压力的一种反应。

要解决这种反应，必须在现实中去行动。你不仅仅是创造环境，环境中会有你的审美、你的情感，你会在其中体验到你自己，被环境滋养、被自己滋养，这是你和你自己相处的很重要的一部分。

你对你生活的环境做了什么？透过环境，我们最终回归到自己。

你的生活就是孩子的教育

一对夫妻问我：我们为孩子准备了大量的书籍、绘本、音乐欣赏等经典作品，他为什么不爱阅读也不爱欣赏？这个问题把我拉回到早些年幼儿园一位男孩童童的故事中。

一位妈妈怀抱着孩子，虽然看上去已经有些吃力，但动作还是很娴熟地走进我的办公室。她就座后把孩子放在沙发上，帮孩子一件一件脱去裹在身上的厚厚的棉衣外套，取下孩子的尿布。当孩子快速地翻身溜下沙发站在地上时，我才惊呼这孩子居然是一个比同龄孩子的体格还要高大的3岁多的男孩，但他更像是一个会行走的硕大的婴儿。他那婴儿式的装束与高大的体格显得格外冲突。他面带微笑环顾着周围的一切，这样的神态似乎不是与周围环境的互动，更像是一种无意识的表情。由于协调性和行动力滞后，他显得难以支撑和把持自己的身体。大概是感知到这个环境中自由的场域，他开始到处跌跌撞撞地奔跑，一边跑一边发出笑声，完全沉浸在自己的情绪里，任凭一同来的奶奶怎么说教和控制，似乎都跟他没什么关系。被冲动所驱使，他到处乱跑，被奶奶抓住后说教的时候，他边笑边重复和回味着奶奶的话，很少有回应——童童的发展整体上比同龄孩子滞后。

初次来到幼儿园的童童显得有些失控。妈妈的注意力放在了与我的交流上，她急切地阐述着自己对教育的态度和见解。被儿子时不时地打断后，她会无奈地瞥一眼尾随在儿子身后的奶奶，奶奶便心领神会地指正童童。有趣的是，她们的这些手段居然对处在幼儿园面试环节的童童完全不起作用。这个场面，恐怕是她们始料未及的。

这样的情景与谈吐不凡、着装得体大方的妈妈形成了很大的反差，总觉得哪里怪怪的！

不久，童童入园了。随着在幼儿园的放松，童童开始进教室“工作”了。每次铺开工作毯后，他都会选择块状的木制教具操作。班级中孩子操作教具的范围是在自己的工作毯上，这样可以保证不妨碍到其他人的空间。而童童则是人在工作毯上坐着，选的块状教具一定要摆放在木地板上，任凭老师怎么提醒都不改变。

为什么会是这样？

童童安静地把一块一块的长方体木制教具整齐地摆成一溜儿，双手从两侧一按、一翻，啪的一声，“胡了”！

主班老师每次都会把童童在教室“打麻将”的状态拿到主班会议讨论，曾制定很多方案，但都见效甚微。到底是哪儿出了问题？老师每次约家长来沟通，来的都是妈妈。妈妈每次谈起教育都句句在行。这让人百思不得其解。但童童在班里“打麻将”已然成了这个班独有的秩序，直到童童爸爸出现。

这是我第一次见到爸爸送童童上幼儿园。他中等个儿，身材敦实，披裘带索。他单肩扛着童童，一只手扶着孩子的后背，显得格外宽厚有力。两个人特别喜庆地大步走进幼儿园，这也是我头一次看见童童笑得这么爽朗。显然，他和爸爸在一起是喜悦的、被爱的。

我对这个家庭充满了好奇，于是截住了要离开学校的爸爸。

他自我介绍道：“我是卖水果的，我有几个摊位，平时特别忙，顾不上接送孩子。”

问他给孩子选择幼儿园的缘由，他说：“我的一个老客户看我儿子经常跟着我在水果摊上玩，就送我孙瑞雪老师的几本书。我是边做生意边看书，最后就下决心把儿子送这儿了。”

他的声音洪亮又略伴羞涩，听得我莫名感动。我问及孩子的妈妈在家做什么，他直截了当地说：“她只有一个爱好，就是打麻将！”

事情渐露眉目，我继续说：“噢！但她对这个教育听起来是很了解的，是吗？”

他说：“你别听她宣（宁夏的方言，说大话的意思），她知道的那点东西都是我边看书边给她讲的……”

事情豁然开朗。

今天，我们可以大讲特讲教育，成长的话题已然成为我们茶余饭后的谈资。我们可以把所有的经典都搬回家，但回到家里转头打一个电话，“下午还有3小时，我们可以放松放松，三缺一你过来”；或是往沙发上一躺，拿起手机各种刷……你会发现你的生活就是这样。不是对与错的问题，而是你就是这样生活，所以你的孩子看到的生活就是这样。孩子吸收的是你的生活态度，孩子体验的是陪伴他的人生命中的点点滴滴。

什么样状态的人跟儿童生活在一起，教育便发生了。教育根本不是你选择把孩子交给一个学校、交给一个老师的问题。教育的问题也根本不是孩子的问题，而是教育者本身的问题。谁跟孩子生活在一起，尤为重要，你以什么方式生活就是教育的呈现。

过去我讲课时常常推荐书，推荐过大量的书籍。推荐完，一位家长很专注地记下来，就我所知，她恨不能把书店的好书都买回家。若干年后这位家长来问：“安老师，为什么我孩子一本都不读？”那个时候我也苦恼，我确实不知道，最后才发现，在那个家庭里，除了有书柜、有书之外，并没有人读书。

有一天，当我们自己静下心来，坐在那里喝着茶、读着书时，你的孩子推门进来，或者一觉醒来，看到爸爸或者妈妈正在一个角落安静地阅读；吃饭聊天时，你们各自分享自己阅读中的收获和趣味……读书的环境就形成了，这就是教育。仅此而已。

带着意识生活

一位同事问："安老师，什么是带着意识生活？"

我们从眼前的一盘切成四瓣的煮鸡蛋说起。这盘切好的鸡蛋是给大家准备的一道加餐，每个鸡蛋被平均切成四瓣，餐盘不大，切好的鸡蛋垒得很满，蛋皮碎了一盘，蛋黄和蛋清大部分分离，视觉上更像残留品。

我把它端到大家的眼前问："看着这盘鸡蛋，你能想象这位厨师切鸡蛋的场面吗？如果让你来切，你会怎么切它？"

如果我们仅仅是机械性地操作，毫无觉知地把这个工作完成，就会是这样一个结果。在这个岗位上，如果只是把它当成一个必须做的事来进行，甚至不情愿做但又不得不做，这种工作基本上是处在无意识的状态。

我问："谁经常在家做饭？在家做饭的你，是你认命于要做饭，还是你选择做饭？"当处在你要是不做就没人可做，或者你不得不做，最终以认命的心态做饭时，多数情况下是处在无意识状态，这种被动选择的状态会让你的内在滋生很多的抱怨、不满、愤怒等情绪。这股情绪的味道往往能被在家吃现成的人清晰地感知到。所以，我有时开玩笑说，处在无意识的、被动的状态下做的饭是带着诅咒的能量的，吃多了会“中毒”。

我们去品质好的酒店用餐，参观厨师做菜就会发现秘密。好的厨师在每一个环节、每一个操作上都带着意图，他们既警觉又精微，从选材，到粗加工，再到深加工，火候、时间的把握，餐具的选配，盛盘等工序无不警觉，每个细微的举动都带着觉知和意识。所以，好的厨师，不仅仅是在做菜，做菜的同时还富有审美，是一次创作、一种态度。这些反映出来的就是人的意识状态。

切这盘鸡蛋的厨师和五星级的厨师之间本质的差距就是意识的差异。

当你选择在家做这顿饭的时候，请注意一定是你主动选择的。主动的选择就是带着意图去做：我选择给家人做顿美味的晚餐，然后带着这样的意识去选材、洗、拿刀、切、炒、盛盘、端上桌，这一历程都伴随着选择的意识。这种意识让你享受其中，让你喜悦；这种意识让你的每一个动作处在临在的状态，并高度觉知。如果再在其中充满爱和祝福的能量，你的意识就超越了五星厨师。

这就是有意识和无意识的差异。日本实业家稻盛和夫先生在其著作《活法》中提到的“有意注意”：就是有意识地注意，有意图地将自己的意识凝聚起来，集中到某一件事物所有方面的细节上。而非像听到响声条件反射式地转过头去，这是无意识的本能反应，叫“无意注意”。

我为什么要提“带着意识去做”？我想这是一个阶段性的状态。眼下，大部分人在一天中的绝大部分时间里是处在无意识的、本能反应的状态中。比方成人对待儿童的态度，一年中只有在六一国际儿童节的时候似乎才带着意识陪伴孩子，但是我们天天都在养育孩子。只有越来越多的人将对待儿童的态度内化了，形成了自身新的意识，这个群体才创造出新的文化景象，在这样的文化景象中就无须去强调“带着意识养育孩子了”，因为你就是这样生活的。

和成人不同的是，儿童成长的过程是正在体验和形成意识的过程。如同我们提醒儿童去归位椅子、归位玩具……儿童就在不断地体验归位各种物品的过程中形成“归位”这个意识，并将其内化，归位就成为其生命的品质。

有一次，我给儿子分享了一个观点：“如果你做事情不带着意识，那这件事情就跟你没关系。”

儿子说：“什么意思？”

我说：“给你举个例子。假设吃饭的时候，你的意识跟吃饭这件事是分离的，就像是在喂猪。”

儿子听完之后大笑。

过了两天，我俩到一家面馆去吃面，桌对面坐着一位男士，面端上来后，他立马开吃，只听见呼呼呼的声音，很大一碗面，感觉他几口就要吃完，给人一种强烈的压迫感。我和儿子四目相对的瞬间心照不宣，似乎同时进入两天前讨论的场景，看到儿子抑制不住的坏笑，我下意识地用手捂他的嘴，然后他咯咯咯地笑出声……恰好后面有一张桌子空了，我俩就换了一个位置坐过去，最后他还是悄悄地跟我说：“这就是没有意识吧……”

此时此刻你在哪儿？如果此刻你在吃饭，就要人在这儿，饭在这儿，吃饭的意识也在这儿。这样，你就能体验到吃的节奏和饭的味道，以及谁在吃。

带着意识做事，通俗地讲，就是认认真真做事。在平实的生活里，认认真真吃饭，认认真真洗碗，认认真真和你的孩子相处，认认真真和孩子聊天，哪怕是拒绝他，也认认真真地拒绝。

只要认认真真去做当下每一件事，过往的经验和对未来的恐惧就不会总是将你撕裂，让你的生命分崩离析。当你的意识不断地安于此时此刻，你就会发现，生命就是此时此刻，而且你就在这儿，活在当下。

当你认认真真地去完成每一件事情，就会给这件事情画上一个完整的句号。虽然这也会成为你的过去，但它是完整的、没有漏洞的、圆满的，它不再需要你用未来去填补，也不会在你的头脑留下过多的痕迹，你便可以更多地处在一种彻底的、纯粹的状态中。

当我们谈及一个人的生命状态时，你很难触摸其存在，似乎只有在现实中发生了攸关生死的事件时，才能被大家直接经验。但生命的状态就是以各种不同的意识呈现出来的，此时此刻你的意识就是你当下的生命状态。有人依然说意识也很难理解。在生活中，每个人的意识都在不断地外化。你此刻是一个什么样的意识状态，外在就呈现出一个可以直接被经验的物化的存在。比如说，我们随意走进一家餐厅，基本都是吵吵闹闹，很难找到安静的空间。这样吵吵闹闹的并且能直接被人感知到的氛围就是一种集体意识所创造的。如果我们用文化来诠释这种经由意识的外化而形成的存在，那么文化就可以直接被触摸并体验到。

我到我们教育机构的广州总部，常看到精致的器皿或盘子里装着各种切好的水果，如西瓜、芒果、菠萝等。西瓜被切成菱形的块状，一块一块地摆放着，并在上面放上牙签。我发现这种吃法跟我在银川的吃法有很大差异，但我没有更多地去思考。

从广州回到银川后，在盛产西瓜的季节里，路过水果摊时就能看到人们通常几刀下去，将西瓜劈成几瓣，拿起来就吃。

我开始对这种现象产生思考，同时我也做了个有趣的调查。

我问身边不同的朋友，说：“你们在家里是怎么吃西瓜的？”或者说：“你们家的西瓜能不能走出厨房？”大家顿时觉得好奇又很疑惑。

有同事分享说，他们家吃西瓜都是一刀切两半，拿把勺子直接挖着吃。

之后，大家坐在一起聊：“在厨房里吃，西瓜确实没有走出去。一般我们切好后就在厨房里吃了，或是一边切一边吃，西瓜基本没有机会从厨房走到客厅或者外面的餐桌上。由于吃西瓜的时候老往下滴汁，为了防止滴到衣服上，大家就自然地走到了厨房的垃圾桶旁边，除了能让西瓜汁滴进去外，更方便吐瓜子。由于成人的操作很娴熟，拿着西瓜站在垃圾桶旁边就可以吃。跟成人相比，孩子的吃法就不太熟练，拿起西瓜，就只能蹲在垃圾桶旁边吃。于是，大家就流传了一个特搞笑的话题，只要拿起西瓜，就得先抢占垃圾桶。”

我的另一位同事说，她爱人要是买一个西瓜，家里的成员不回来，他自己绝对不会一个人把瓜切开吃一部分再留一部分。

这就是每个人、每个家庭的活法。这样一个似乎不被众人注意的细节就触摸到了人的生命状态。我们在面对一个再平常不过的“吃西瓜”时能感觉到生命的温度。在不同的家庭，不同吃西瓜的方法里，就有不同的意识参与其中。

最后，我们得出的结论是，在身边大部分朋友的家庭里面，西瓜是出不了厨房门的。

跟在广州的同事对比，关于吃西瓜的话题，就出现了一种不同的生活态度。自此之后，身边不少朋友好像慢慢被唤醒了，尤其是走得比较近的朋友。当买了一个西瓜的时候，我们就会有意识地去选择一种不同的吃法。

在观察这些不同的吃法时，没有好与不好，只是不同的选择、不同的态度。透过这些不同的选择和态度就能体会到不同文化。借由这些距离我们最近的、直接能被触摸到的文化，就能够洞彻隐藏在其文化背后的生命状态。

话到此处，我们似乎从活法上对人有了识别。生活中的点点滴滴都在诠释着人的生命、意识、文化，所以当回归到我们自己最真实、最具体的生活里，就如那盘即将切开的鸡蛋，你行动之前只需要将自己的意识邀请并参与其中，转化就开始了。

我想，人成长的契机就在于此——带着意识选择，有意识地生活。

平实生活中的精神之光

有段时间我常常步行回家。一次下班回家的路上，我走到十字路口等待红绿灯，一位爸爸刹住了自行车停在了我的身旁，车后座上坐着一个女孩，看上去10岁左右。从穿着看，这是一对普通家庭的父女，不知道他们之前在谈论什么，只听见女孩发出一声感叹：“那为什么天和地离得这么遥远呢？”听到女儿的疑问，爸爸侧过身来，一只手搂了搂孩子的肩膀，停顿了些许，说：“其实天和地并不遥远，在大地上方的一指间便是天空。”爸爸的话音刚落，一旁的我感觉一下子被这句极具美感的语言感染了，没有想到这位爸爸居然以这样的角度来回应女儿的感叹，简直妙趣横生。不经意间，我被这样一对父女感动。我的意识似乎停滞在这一刻，望着他们远去的背影，好久不愿离去……

那一刻，那句话瞬间把我拉进了另一个空间，让我在这个空间放下了已知和经验，放下了审视和评判，甚至感受到“我”的不存在。

这位爸爸的回应就像一股暖流一样包裹着女儿，如同那句优美的语言带给人的意境：把貌似遥不可及的天与地透过爸爸和女儿的关系描摹得淋漓尽致，相映成趣。一个父亲对女儿的关怀和爱就这样润物无声地流淌出来，给人希望，慰藉心灵，让我对生命心生敬畏并深深地感动着。我不仅仅感受到流动于这对父女之间的那份爱，也感受到了平实生活中人性的智慧和精神之光。

精神生活是什么呢？我想，这对父女之间的对话就是一种精神生活，而我这个旁听者的体验也是精神生活。精神生活就应该是这样自然地、不造作地在生活里自然流淌。

当大家的意识落在对生活中真善美的观察和了悟的时候，内在的这一份觉察就会越来越敏感、精微；当我们不断地感受和体验真善美的能量时，我们的精神就会不断地被唤醒，进而意识在发生着变化，反映在生活里的模式也会随之改变。换句话说，你完全可以有意识地选择过什么样的生活。

现在，许多父母开始意识到精神生活对于一个人、一个家庭乃至整个人类发展的重要性，或者说本质上人就是精神的产物。当爸爸妈妈们开始把注意力放在为孩子们创设精神生活的环境时，我们需要警觉这样的做法很容易流于表象上的环境准备。在与孩子的所有关系和环境中，人的环境才是最根本的，也是最为核心的精神环境。与其说如何去准备精神环境，不如说如何来准备自己。如何将自己的意识带进生活的角角落落，继而对生活有意识。意识到了，躲在生活背后的精神就自然被发现了。

当你敏感于自己的生活并不断地、有意识地体验和观察它的时候，你自身对精神就有了一种需求和向往。这样的状态又反过来会引领你的意识处在高度的觉察和了悟中。

一旦我们仅仅停留在操作层面的环境准备的时候，潜在的意识就会转嫁给你是在为孩子而做，在为谁谁而做，这样就会将自己生命里所拥有的精神通道封住，也就等于封住了你与孩子的互动。

实际上，作为人，我们天性中就有着对精神的需求和渴望，而我们现在要做的是唤醒自己生命内在封闭的这部分。我们唤醒这部分的时候，就会随时随地发现并体验精神生活，而不再是隔离它、追求它、制作它。那个爸爸和女儿生活中的一角再一次帮助我体验到了精神生活所散发出的能量，而这种精神上的体验取决于我们对生命的敏感和专注。他们的对话把我拉进了他们的生命之中，同时也让我体验自己的生命。

把我们对精神生活本身的理解再扩大一些，我们认为，儿童经常处在精神生活中。

我儿子在开始学说话的一段时间里，学会了发“水”这个音。他发现“水”的发音和生活中的水是配对的，于是就在家里到处发现水。一个月的时间里，他都在家里找水、认识水。

有一天，我在洗手间找到了儿子，他正非常安静、专注地趴在坐便器上。我站在门口没打搅他。过了好长时间，他发出一个长长的音——“水”，紧接着手一下就下去了，捞了一把水，放进了嘴里。看到这个情景，我突然了悟到，在儿童的世界里，水就是水，不管是马桶里的水、杯子里的水、河里的水，他没有分别心。我完全沉浸在这个情景中，纠结不在了。

这样的一种状态，体现出来的举动就是精神生活。而问题在于，作为父母，你有没有能力发现这种美。当我们作为家长，看到孩子这样的行为的时候，会产生多少念头、想法和举动？有时我打趣地说，你不知道孩子在下一刻要发生什么，所以所有环境的准备是非常重要的，及时把你家马桶刷干净是防止孩子随时在上面体验精神生活时的基本保障。

儿童本身就是精神，儿童就是一位“精神贵族”。与其说如何给孩子创造精神环境，不如说让我们自己的生命敏感起来，能够觉察到孩子的精神世界，不要破坏孩子的精神生活。儿童生命的特质更加接近精神，儿童所展现出来的行为、语言、行动，本身就是精神生活。

再次回归到我们的生活，将意识融入生活的细节、融入与孩子的关系里，意识到达的每一处空间，精神就会从此彰显出来。

与平日里经常见到的学生跑步相比，一次在伦敦海德公园一家四口的跑步情景让我记忆犹新。那是我第一次见到跑步让人感觉如此美妙。我第一次看到人在运动的时候整个身体的能量是完整的、向上的、警觉的、美丽的，不像之前所见到的跑步时人的身体、意识和跑步这件事的能量是四分五裂地散落一地。

一位瘦瘦高高的爸爸带着三个孩子在公园里绕大圈，一圈跑下来是很多人都难以坚持的。他们大大小小的一字排开，每个人所有的能量完完整整地集于一身，他们的身体、他们的意识、他们当下跑步的这件事三者是合一的、一体化的。加之他们面不改色地一圈一圈地跑，成了公园里最吸引我的一道风景。

我也是突然才意识到原来生活真是有很多种活法。基于你对生活的意识和态度，生活的品质就区分出来了。

于我而言，我更看重生活本身，更警觉平实的日子里我们对待生活的一份态度。不同的态度背后总是隐藏着掩饰不住的意识状态。如果你现在启动自己的意识，周围的人、事、物就会变得让你敏感起来。

生活离每个人并不遥远，就如文章开头那位爸爸生命中的天与地。精神亦是。

厘清观点与事实，掌控亦是资源

一次课程结束，一位妈妈上前与我交流。

她说："我发现自己是一个控制欲特别强的人，总爱掌控。在带儿子的时候，我总是忍不住地就控制他。生活中的方方面面，只要孩子违背我的意愿或不能按照我的观点做事，我就会有很激烈的情绪，就会给他讲说教的话，讲很多的方法，有时控制不住自己就冲孩子发脾气，事后又很自责、很内疚，担心会对孩子造成影响和伤害。但每次一遇到具体的事情发生时，就又不由自主地将自己认为对的经验和方法告诉孩子。为此，我很焦虑，我想知道如何改变自己的这种控制的状态？"

我问："你已经很清楚自己擅于掌控这一状态了，是吗？"

她说："是。"

我问："那分析形成控制的因果是无意义的。这些你都很清楚，就是做不到，是吗？"

她说："是。"

我继续问："我们看看，在你做不到的事情之外还能做点什么，看看在环境或关系中爱掌控的人有哪些优势。反过来说，不是所有的人都拥有掌控环境和他人的能力的，同意吗？”

她认同：“对！对！对！”

我继续问：“你能掌控一定有你的过人之处，为何要改变自己的优势呢？”

听完这番话，这位妈妈眉头舒展开了，感觉瞬间放松下来，略有欣喜。

我渐入正题：“从刚才你的描述中，能看到你是一个很擅长阐述观点的人，对吗？”

她回应：“对的。”

我说：“很好。在之后与孩子或他人相处的时候，你在罗列各种观点的时候，在每一个观点前都加一个出处。比如：我的观点是……王老师的观点是……爱因斯坦的观点是……在和孩子的讨论中，除了阐述自己及他人的观点外，还要鼓励孩子表达他的观点，然后再邀请孩子观察除了所有的观点之外的事实或真相是什么。给到孩子足够的空间，与孩子一起区分事实和观点的不同和差异，看看这样会发生什么。”

在面对同一件事，能让孩子接触来自不同维度的观点并清晰自己的观点并不是一件坏事，反而让孩子更有机会触摸到事实，或离真相更近一些；让孩子在倾听各种不同观点的同时，也能够学会区分观点和事实的差异；鼓励孩子独立思考并敢于质疑来自外在各种不同的信息，而不是被动地接受。这是批判性思维早期的训练模式。

之前读过一篇文章说，批判性思维最早就是要让每个孩子搞清楚事实和观点的差异。事实是可以被证明真假的陈述，而观点是从主观出发的看法、感受、信念、经验等，无法证明它的真假。我深以为然。就如我们在怎样授课中对教师语言系统的要求一样：简单、明白、客观。其中客观指的就是事实。打个比方，A说树上有只毛毛虫，B说毛毛虫是害虫。显然A说的是个可以被证明的真假，而B说的就是个人的一个看法，可能其他人还会有不同的观点。

有一次我与儿子聊到事实和观点这个话题的时候，他惊讶自己早上阅读的一篇文章几乎全部是观点，很少有事实。我接着他的感叹说，那这样的文章可信度就不是很高。他说："爸爸，你刚才说的就是个观点。"

我继续和他聊，让他说说自己的发现。

他说："恐龙的存在是事实，但恐龙的灭亡是观点。"

我问："为什么？"

他说："恐龙的存在是可以被证明的真假，有确凿的证据，因此是事实；而恐龙是如何灭亡的是不能被证明的真假，所以是观点。"

他又说："宇宙是如何形成的也是观点……"

一个孩子能否走向独立、拥有独立思考的能力和意识，取决于其成长环境中的自由度。孩子能否拥有在环境中选择的自由、使用自己的自由、自己发现问题并解决问题的自由，甚至犯错误的自由，恰恰都是他们靠近事物的本质和真相的关键条件。这些体验和历程是需要被支持和尊重的，而非在关系中被动地获得一个"正确答案"或指令。

当我们在与孩子的互动中有意识地看到自己的观点仅仅是观点，并且能区分观点与事实时，我们就能从掌控的关系中出离，看到观点的多面性、多重性，也就能对孩子自身的观点的存在以及观点背后的行为方式有了一份尊重和理解，而不致以某种观点去向对方施压，甚至改变对方。

同时，陪伴孩子的过程亦是发现和认识自己的过程。透过孩子，我们能够发现自身的特质。就像案例中的妈妈意识到自己很容易掌控孩子的状态并很难改变，当意识到的时候，转化就已经在发生了。这种转化未必非得聚焦甚至强迫自己改变，真实地分享自己的观点恰恰有助于孩子把焦点收回到自身的思考和发现上。这样一个平等的、探讨的、分享的氛围就被创造出来了。这样的关系就能允许双方都有机会看到彼此的各种状态，或者更多人的观点。

身边有不少朋友谈及孩子的教育和成长的话题时，不仅深陷其中，而且有强烈地想改变自己的紧迫感，就像那位妈妈，一味地聚焦到自我的改变上，而忽略了自己也是这个世界独特的一分子。于孩子而言，你的观点和特质也是协助孩子靠近事物真相的资源。

分清事实和观点是一种界限，也是一种爱的智慧，既爱了自己，也爱了孩子。

带着意识选择幼儿园

“如何为孩子选择幼儿园”是异地的一些家长来银川参加机构每年组织的“教育之旅”活动见面会时，提出的一个问题。

在他们那里没有爱和自由幼儿园，他们在无法改变这样一个现实的境况之下提出这样的疑问。

当然，在这个比较有代表性的问题背后，聚焦的是现代家长对幼儿教育现状的各种认知，以及潜在的焦虑。

本质上，决定如何选择的动因源于一个人的意识。

我接待过各种各样的家长，他们为孩子选择幼儿园的理由也是五花八门。

有家长旗帜鲜明地说，幼儿园要离家近，接送方便；也有说我们深圳幼儿园伙食干净，吃得特别好……稍加观察就不难看出，所有的选择背后都有其支持它的理由，这个理由就是意识的产物。

所以我们在做选择的时候，一定要带着自己的意识，而且还要观察自己的意识：你所理解的教育是什么样的，你认为理想的幼儿园是什么状态，你是基于什么来判断幼儿园的教育水准和理念，你对教育者有什么样的标准，等等。当现有的条件都无法达到你的需要或者期待，周围也没有你所满意的学校时，你需要理性地思考想要的是什么，并问问自己为什么。选择中需要注意你的需要和孩子的需要是否一致，是基于孩子的成长做的选择，还是另有他因，然后带着意识再去观察身边的学校。

任何一个城市都有各种各样的幼儿园，有的家长的注意力在硬件上，有的看重伙食，还有的被宣传的名号所吸引……这些都是我们以往常常碰到的。

当你选择硬件的时候，你会发现越来越多的学校在拼设备、拼环境，总给人一种错觉，似乎奢华的环境就等于教育的水准。当然也有人不乏这样的意识，恰恰这样的意识也推动、助长了市场以此方向的转移。也有越来越多的教育口号，家长就更容易迷失了。

当然，我更关注学校里孩子的状态。

从孩子身上，就能观察到学校的教育现状。

当我们观察学校孩子的状态时，首先看看孩子是否放松、自由；与孩子交流的时候，孩子的眼神是什么样的，孩子与人有没有连接的愿望；孩子的能量是否松弛而又不乏警觉；孩子的情绪状态如何……这些都是很重要的细节，也使我们的选择会更本质。孩子的成长状态才是幼儿教育中最大的筹码。

再者，我们去跟园长聊聊，感知他的意识状态，他的语言、情绪、行为、待人接物的方式，这些细节就能基本判断他的整体状态，而并不仅是听对方说。与其听园长说，还不如跟老师交流交流，教育精神和理念最终是经由老师贯穿于生活的细节中去的。和老师聊聊，他们是如何看待和理解班里的那些孩子，观察他们是如何帮孩子解决问题，他们是如何和孩子说话，他们与孩子在一起的眼神、语气、情绪，他们在岗位上是警觉还是松散，他们是如何看待自己所从事的这个工作。这些细节承载着一个幼儿园教育的灵魂。教育精神和理念能否贯彻和执行，取决于老师们的职业素养和个人修为，所以人文环境是学校教育最直接的体现。

最后，你与其寻找一个答案，不如静下心来在校园的某个角落里坐一会儿，院子、大厅，有孩子、有老师的地方，来体验和感受这个环境里自己舒不舒服、安心不安心，还是很焦虑烦躁就想马上离开。让自己像孩子一样在校园里感觉、生活，这是最直接的体验。如果你自己待得都很压抑烦躁，那孩子估计也会很难受。

当现实中可选择的空间没那么多时，这些是我们在有限的选择中可以去有意识地做的工作。

还有一些人会看规模，比方说一个教育机构所在城市有多所学校，甚至全国连锁，这也是吸引大家的一股能量。但有时候，我个人认为那样一个大规模、大环境未必能支持到孩子的成长，未必就适合儿童的发展需求。也许在一个较小的环境里，有一群人在经营着一个生命的系统，关注着园里每个孩子的成长，那这里就会成为儿童的乐园。基于个人对教育的理解，我会把孩子送到这样的环境。

孩子有受教育的权力并不等同于“被教育”。这个时代已不是父母把养育自己孩子的权利拱手交给某所学校、交给某个机构、交给某个老师或某种思想的时代了，所以在为孩子选择幼儿园、学校的时候，也反映着家长对教育本身的意识状态和认知。本质上，家长的意识状态决定了孩子受教育的方向。

核心的问题是，所有选择后造成的某种结果都是由孩子在直接经验和承担，我想此局面应该被发现和觉察。也就是说，只要选择学校的权力一直在家长的手上，那么其意识状态就决定了将要为孩子选择什么样的成长环境。动因依然指向了家长对教育的意识状态和认知！

不同的意识状态创造了不同的教育环境，孩子在不同的环境里体验着不同的生命，并建立着与自己的关系、与他人的关系、与社会的关系，教育便发生了。

选择学校、幼儿园，本质上是家长找到了与自己意识状态契合的“外在环境”。但环境的虚假性是家长无法直接体验和看到的，只能停留在一种表象上，而孩子恰恰生活在这个表象下的环境里。

除非你把注意力从自身转向孩子，开始观察孩子、理解孩子，靠近孩子的生活、靠近孩子的生命，你就会发现他们需要爱，他们需要自由，他们热爱规则，他们热爱秩序，他们没有分别心，他们善良，他们纯真，他们美丽，他们需要有和他们共同特质的成人一起生活。

如果父母有了这样的意识，适合儿童成长的校园、土壤便应运而生。或许还有其他——孩子自己可以自由选择幼儿园、学校！

这是我的一家之言。选择本身一定伴随着一个结果，如果我们做了选择，就需要为我们的选择承担结果。这个责任是需要我们扛起来的。

疗愈和成长要回到现实中去

成长的路上有许许多多的工具——成长类的课程、书籍、团体疗愈的工作坊、一对一的咨询等——都会协助我们去疗愈内在受过创伤的一个小孩。这么多年走过来，我有一个了悟：无论我们上什么课，用什么方法，最终都要回归到现实中。前面的一切都是准备工作，当你做好了准备，你需要勇敢地独自面对一个个真实的事件、真实的自己、内在真实的小孩。

我不能举任何人的例子，只能讲自己的故事。

一天晚上，我突然就想起跟疗愈有关的话题。整个前半夜，我的脑子特别清楚，便认认真真地去跟自己真诚、清晰地互动和对话。因为夜深了，我不希望弄出大的动静，于是拿着手机，在备忘录里一口气记录下我曾经经历的34个事件。

在过去的许多年里，这些事件都藏得很深，仿佛都已过去。在这个夜晚，它们突然跳出来，每个细节都历历在目。事件中的小孩，仿佛一直在等待着，有无助、有悲伤、有屈辱、有愤怒，各种各样的情绪、各种各样的小孩、各种各样的面孔，一个一个呈现出来。

20世纪70年代末80年代初，物质还比较匮乏，每个人对物质、对金钱都会有一种要守护的能量，对失去会有一种恐惧，这是我34个事件中第一个事件的背景。

1990年的中国举办亚运会，那是我们国家第一次举办综合性国际体育运动大赛。我当时读小学四年级，还不太知道亚运会到底是什么，但周围的气氛真的是普天同庆。从大城市到小城市，各个行业、集体都在资助国家的这个活动。

我生活在小县城，学校里就组织了一个活动，即每个学生发一张折纸，折一折就变成了一顶大帽子，上面写着“我们都是东道主”——这几个字我至今记得清清楚楚。折帽子的过程中，你可以写一首诗，投递到学校里，学校再进行评奖和投票选取，所以不是所有的人都能得奖。而这顶帽子，如果你出一块钱，就能得到它。其他学校是每个学生必须买，我们学校是谁愿意买谁就买。

四年级的我就想参与这个活动，写诗不重要，得奖不重要，重要的是戴上帽子，上面写着“我们都是东道主”。于是我二话没说，想都没想，就自告奋勇地说：“我也要一个帽子。”

我的家境还算不错，但是父母从小就教导我这样一个观念：不争强好胜。不争，不要在意虚头巴脑的东西。

那天拿了纸帽子，我高高兴兴折好之后戴在头上，感觉特别好。回到家，我热情洋溢地给母亲展示：“你看，‘我们都是东道主’！”然后告诉我妈，学校要收一块钱。

就在这时，我妈劈头盖脸地骂了过来：“肯定是你好面子，争强好胜！你为什么这么爱显摆自己？”

我妈拒绝给这一块钱，那一刻我完全傻了。

这一块钱从哪儿来呢？我的班主任一直让我感觉特别强势，怎么办？完蛋了！我当时很无助，晚上也不知道是怎么对付过去的，也不知道几点才睡着。

第二天一大早我就起来，洗漱完之后准备上学。我没走，吭哧吭哧地，又问我妈要这一块钱，说要到学校里面去交。

我妈一下就暴发了，说："不是不给你这一块钱，我就要治治你争强好胜、爱出风头的毛病！"然后她就把我直接赶出了门。那个时候，我真的已经是很无助了，放声大哭。这一哭，我妈更火了，出来就抽我，一直从家门口抽到马路上。

因为动静太大了，邻家的哥哥听到了我的哭声。这个哥哥是我的表哥，虽然我叫他哥，但年龄只比我妈小一岁，我就是在他们家玩着长大的。我表哥听到动静就过来了，看到我妈抽我，就把她推回家，一边推着还一边教育了一番。我站在那儿，还是不走，因为这一块钱还没要到。

表哥一边安慰我，一只手从衣服的内兜里掏出一块钱给了我，说："赶紧，拿到学校里交。去上学了，要不该迟到了。"在那一刻，我好像突然忘了之前跟我妈发生的事情，忘乎所以，拿着这一块钱就到学校里面交了差。这个事似乎就过去了。

过了两天，我大妹（她在另一所学校，比我低两级）的学校也开始了这个活动。她们学校要求每个孩子必须买。我看到她拿着那个跟我一样的大帽子，看起来对帽子也没有什么兴趣，在马路上碰到我妈。

我妈问："你怎么也拿一个大帽子？"

我大妹说不清楚，旁边她的数学老师说："这是学校的要求，每一个孩子都得买。”

就这么一句话，我妈什么都没说，就把那一块钱给了我大妹。

同时她对我说：“给，你把这一块钱还给你表哥。我知道你表哥给你钱了。”

故事恰恰发生在这个时候，我拿着这一块钱，没有还给表哥，把它花了。到现在，整整30年，这个事情就在我的心里装着。

20多年里，每次有机会回老家，我都会到表哥家去坐坐。坐到他们家就跟坐到我们家一样，没有过多的语言，他叫我老弟，他的儿子都比我年龄大，与我是一起玩大的发小。他每次见我，总是老泪纵横，感叹光阴，我们总有着说不出来的一种亲切。就是此刻，这个画面在我脑海里浮现，还会瞬间充满了感动。

每次去的时候我都会给我哥带一些礼物，走的时候给他放一些现金，但是都无法与曾经的那一块钱比较。那一块钱对那个四年级的孩子来讲，分量太重了。就是在那种无助、委屈的状态下，有这样一个人，站在那个孩子的身旁，支持到了他。在之后，应该把故事很好地画一个句号时，那个孩子却拿着那一块钱，完全不顾那个事件，把钱花掉了。

我离开老家已经20多年，父母都跟着搬出来。在银川已经生活了10多年，我的心里却一直有一个挂念，每次都有一种冲动——就是在你小的时候，身边有那么温良的一个群体，让你很踏实，让你感到亲切，浓浓的一股人情味儿；同时，心里面还藏着这一块钱的秘密。这么多年，我出去学习、成家、工作、生活，我也给别人当老师、讲课，直到2020年蔓延全球的新型冠状病毒肺炎疫情，才让41岁的我突然有了一大段的时间去思考自己。这是一个契机，做好了准备，就去面对。是时候把曾经那个孩子做的那样一件事，自己画上一个句号。

这是那34件事中的一件。那个晚上，我基本没有睡，如此激动，如此久违，一切历历在目。有一句话说："这个人哭得跟个孩子一样。"我想，当你的时机到来时，当你内在的那些孩子的能量涌动出来时，你就是哭得跟孩子一样美好，哭得跟孩子一样纯真，一定是那样的。

第二天，我就想把这34个故事都整理出来。只有一个目的，就是善待自己，善待自己内在各个阶段的孩子，是时候了。

这就是我的故事。外界有太多太多的声音，也有太多太多的方法，去帮助你疗愈。我身边有很多的朋友、学员、家长，在今天这场自我疗愈的洪流里，跟随着。但只有当自己做好了准备，回归到自己真实的生活里面，勇敢地面对自己，疗愈才会发生，这个疗愈就是看见和支持曾经的那个孩子。

作为一个成人，我完全有能力去支持一个10岁的孩子。我跟我内在的小孩加起来都已经51岁了，这个力量足够让我去面对。如果不去面对，不去勇敢地把内在的小孩放出来，让那束光照到他，什么方法都是扯淡。

这个话可能有点偏激，但是我以这样的一种方式去邀请看到这个故事、听到这个声音的朋友——当你有一天做好准备的时候，就去勇敢地面对。时机会到来，陪伴那个孩子从困境里面自由地走出来。他已经等了好长的时间，在等待机会、等待释然、等待自由。

如果你真的准备好了，先试着与自己相处，去整理一下自己，看看你的故事到底是什么。那些故事，只要是发生了，没有一个逃掉的，都在你内在的一个空间中，完好无损地放着。只要你准备好了，去行动，一定是在现实的生活里面去行动。

当我分享完，我会给我的表哥打一个电话，把这一块钱的故事完整地跟他做一个沟通。那一刻就是我的那个孩子自由的一刻，一定会有很美好的东西发生。

我并不知道每一个人的机缘在哪儿，什么时候到来。但当它来到，能量势不可当，就跟我一样。如果你没有做好准备，切记不要盲从，不要跟风，更不要强迫自己，这也是对自己内在不同阶段的孩子的一份善待、一种爱、一种慈悲。

疗愈的诗

当我还是个孩子的时候，
我选择了和爸爸妈妈对抗。
但那时，我并不知道什么是对抗，
我只是想要做自己。
可是，我还是失去了自己。
终于，我成为了对抗，并对抗着。
我身披战袍，
将我的全部交给战场，
只为曾经的丢失能赢一次。
仅仅一次，
就可以让我看见爸爸妈妈，
让我与爱连接。
为此，我从不低头。
我，终于赢了，
但怎么也看不见我想要的爸爸妈妈。

我渐渐地长大，

但更渴望爸妈。

我至高无上的爸爸妈妈，

我如何才能赢得你们？

我呐喊着。

我怒吼着。

我抱怨着。

我仇恨着。

我从不停歇地战斗着。

我不断地赢着，但从未感受到大爱。

我该如何？

那年，天灾或人祸。

我只留下了自己，

对抗着一个事件，

重新武装了自己。

伤得很重。

输得很惨。

当我再次拖着遍体鳞伤的自己踩踏在战场的废墟上时，

我看见爸爸妈妈哭了。

我不愿看到爸妈的泪水。

我不愿看见!

我愤怒地阻挡泪水的时候,

那泪水,

划过了我紧锁的眉心。

泪水,

这泪水,

居然如此苦涩而又甜美。

我害怕了,

也喜悦了。

无明中,

泪水浸透了我。

在抽泣的深处,

我看见了脆弱,

我的脆弱。

泪水澎涌而出。

原来,我可以哭。

原来,我可以输。

原来,我可以低头。

原来,我可以做不到。

我做不到。

我做不到的时候，我居然允许了！

我做不到的时候，我居然承认了！

我做不到的时候，我臣服了。

我不再做了。

当曾经的我再次要出征时，

我的柔软轻轻相拥，

她，告诉了我：

爱，不用争。

无道。

无明。

瞧这一家子（三）

我对儿子说："爸爸最近为工作上的事情很焦虑，也很累，你帮爸爸出出主意。"

儿子说："你有三种选择：一、最简单的就是退休；二、勇敢地面对；三、当一名老师。"

我和妻子相视一笑。

我说："你帮我选择吧！"

他问："你喜欢你的工作吗？"

"喜欢。"

"那就勇敢地面对吧！"

我们仨忍不住放声大笑……

——子健爸爸

4

第四章

儿童与现实之间的翻译者

事实未必等于真相。

事实是现实中所经历的一个具体事件的真实情况或者原委；真相是经由事实而升华的更加完整的精神的了悟。触摸到了事物的真相，就能从具体事件的纠葛中出离，从而超越事件，获得成长和自由。

有意识地拥抱孩子的情绪

院子里只剩下一个秋千还没人选择。新入园不久的小女孩正步伐缓慢地朝着这个秋千走近，大概还有四五米的距离。从门厅蹿出来的铭铭似乎也发现了小女孩的动机，于是他瞬间提速冲向了那个还空着的秋千。事件的发生远远超越了我描述的速度，就在铭铭加速冲向秋千仅一步之遥的时候，小女孩双手握住了秋千的绳索，缓缓地坐了下去。

就差这一步，让高速奔跑的铭铭突然止步，这让他无比沮丧，继而恼怒，紧握着双拳侧对着小女孩非常愤怒地大口喘气。对前面发生的这一切，小女孩似乎全然不觉，她也不知道自己接下来的一句话有可能会彻底激怒紧握双拳的铭铭。

安全区的老师早已警觉起来，一边观察着他们，一边走近。

“大哥哥，我要荡秋千，请你离开。”话音刚落，铭铭的拳已经举过头顶挥向女孩，被老师眼疾手快地拦截在空中。老师的介入，似乎让愤怒的铭铭彻底爆发。女老师在抱离他时，被他狠狠地一拳砸在脸上，顺势坐在了地上，本能地揉了揉脸，又一次试图将暴怒的铭铭抱离现场。不知是因为老师身材娇小，还是铭铭能量过大，两人倒在秋千区域纠缠在一起，铭铭手脚相加，老师很难有效地将其抱离，场面更像两个孩子扭打在一起，滚来滚去。

我双手放在铭铭的腋下，胳膊伸直把他平举起来，这样就可以保证他的手脚碰不到我。秋千旁有一个长条椅凳，我们俩面对面骑坐在上面。他依然暴怒，试图以各种方式攻击我。我用双腿夹住他的双腿，双手握住他的双手。他没有一丝想要放弃挣扎的意愿。

“我要杀了你，我要杀了你……”他恶狠狠地瞪着我，使出最大的力气大声嘶喊着。

“非常生气，非常生气！太生气了，没得到秋千太让人生气了！”我看着他，和他一起喊。他每大声喊一句，我就跟着喊一句。

不一会儿工夫，他的嗓子沙哑了，我的嗓子也沙哑了。他的手和腿逐渐地软了下来，我也随之松开了手脚。他半握着拳，用沙哑的声音对着我有气无力地继续喊着“杀，杀……”，一丝泪水从眼底渗出，他的眼神一会儿盯着我，一会儿游离。

半个多小时过去了。

“没有得到秋千让你很生气，还有些悲伤。”

“嗯，嗯，嗯……”他哽咽着，任眼泪流下。

我没有再说什么，只是守护着他，用我所有的爱的意识去陪着他，等待着他。

又过去了半个多小时，铭铭没有发出“嗯”的哭声了。他的眼神依然游离，无意识地、一动不动地斜盯着地面，大脑似乎一片空白，时不时地连续抽泣几声，又归于空白。

“还伤心吗？”

“嗯……”他又发出了哭声。与之前不一样的是，他一边

“嗯”，一边东张西望，并张嘴连打几个哈欠，突然又停止，空无一物地盯着地面。

“你是男孩还是女孩？”我有意打断了他的沉寂。

“你是谁？”他瞬间回到了和我现实的关系里。

“我是安老师。”

“安老师是干什么的，你在哪个班？”

“我是这个学校的校长，不在班里工作。”

“校长是干吗的？”

“校长是服务于这个学校所有人的。”

他陷入沉思。

“你愿不愿意去参观一下我的办公室？”

他点点头。

于是我俩站了起来，并排向办公室走去。我顺势打开了左手，他默契地将右手送入了我的掌心。

走进办公室，他四处张望，一件一件地触摸着他感兴趣的物件，不一会儿就走到了我办公桌的侧柜，指着抽屉问：“里面有什么？”

“你可以打开看看。”

他打开了抽屉，眼前的一大袋“大白兔”奶糖让他两眼放光，抑制不住的冲动使他伸出手，又看看我。我点头示意，“可以分享给你。”

他拿了一把，看看我。“还可以拿。”我继续对他说。他另外一只手又拿了一把，似乎还不满足。“装到兜里。”我说。衣兜和裤兜很小，总共也没装下几个，但都撑满了，他还是守着抽屉。“你还可以在嘴里吃一个。”我继续说。于是他一连吃了三个。

这时，兜里也装满了，手里也攥满了，嘴里也塞满了，他这才心满意足地离开了我的办公室。

不出所料，第二天他一进学校就直奔我办公室的抽屉。在得到分享的东西后，我们回归到昨天的秋千事件，解决问题，建立规则。整个过程顺畅、清晰、平静。

情绪的管理是一个人的情绪从本能的无意识状态走向有意识的自我负责的状态，也是一个人走向成熟的重要功课和标识。

能否有效管理自己的情绪，首先取决于对情绪的自知。清晰在事件中、在关系中自己的内在发生了什么，从而剥离、辨识、接纳。透过与自己的相处，完成处理情绪的内在历程。然后回归到事件、关系中一致性地表达、沟通，解决问题，达成最终的和解。进而从具体的事件中抽离出来，超越事件，获得事件背后的礼物，走向成长。

在此过程中，儿童的情绪能否被允许，能否在不伤害自己、他人和环境的前提下全然地流淌，是陪伴者重要的功课。在陪伴儿童的过程中，能否理解孩子的情绪，感受孩子的感受，帮助孩子厘清复杂的情绪，并为之命名，是孩子情绪自知的关键。

接纳孩子的情绪就是支持孩子。在孩子与自己、与他人的关系中，情绪的流动和自知使孩子走向了更加深入的自己及对外在世界的延伸，也逐渐清晰了自己、他人、关系的界限，在有界限的关系中建立信任，走向深入。

在这个故事中，铭铭和我经历了这一完整的过程。从铭铭没有得到秋千后无意识的、本能的情绪反应开始，再到他和小女孩、女老师以及我的关系中情绪暴发导致的暴力行为，都是无意识的能量，是孩子不自知的能量。这种不自知、不自觉的能量就会在事件或环境中不被控制地释放出来。当这种具有破坏性的能量释放出来的时候，成人要即刻制止，以免造成孩子对自己、对他人或对环境的破坏。

当铭铭不能用暴力攻击我的时候，他透过“我要杀了你”的嘶喊来表达和释放他暴怒的能量。此时对铭铭最大的支持就是和他共情，同悲同喜，非常深入地理解他，陪着他将暴怒情绪背后的感受诉说出来，让他在与我的关系中感受到深深的理解和支持，让他感受到爱，从而逐渐唤醒孩子对自己内在的感受以及呈现出的情绪、行为有觉知地意识。

孩子声音沙哑、精疲力尽是暴怒的情绪释放的结果，也是他在与我的互动中感受到支持的结果。虽然口头上还在念叨着“杀，杀……”，但他从能量上已经柔软了下来，内在无意识的对抗的能量逐渐开始转化。

当我说“没有得到秋千时很生气，还有些悲伤”的时候，更深一层的能量开始被允许和唤醒。他的哭声不是号啕大哭，而是低沉且深入的悲伤，在悲伤中蕴含着久违的委屈。这种长久封存的委屈更让孩子痛彻心扉，也深深地打动了我。在冗长的情绪一点一点流淌过后，孩子就像被抽空了一样，空得无法支撑自己的身体。

那个沉寂的空间，是与自己久别之后的相遇，是意识的觉醒，爱发生了。这一切的发生，都是我俩的内在共同经历着、体验着、深入地连接着。当我再次邀请他回归到现实场景中的时候，关系已经完全转化了，这个关系是支持的关系、是信任的关系、是爱的关系。此关系有了新的互动和发展。

当天，我并没有着急和他去解决秋千事件的问题，而是选择让这样的体验在孩子的内在多停留一会儿、体验一会儿、回味和感觉一会儿，并把这种新的意识加以整合，纳入自己的生命系统里。最起码让他知道，在这个世界里，有人理解他，并陪他一起走过那段艰难的历程，让他经验自己、经验爱。

在第二天早上，我们相见的时候都心照不宣，内心都清楚我们彼此等待。内在的能量让我们高速地重温昨天的事件、体验、关系。外在的他略显尴尬又故作自如地走进办公室，并得到“大白兔”。

最后，我们默契地走到户外秋千区域，学习玩秋千的规则，找小女孩和女老师解决问题，向她们道歉，学习为自己的行为负责。一切都在接纳的、合作的、平静的状态下完成。

至此，这个沉默寡言、独来独往、刚转来不久的5岁男孩，进入了发现和认识自己的历程中。这一体验将是孩子从无意识的状态向有意识的状态转化的契机。

在之后的两个月里，他每天都光顾我的办公室，就像视察工作一般，成了他这个阶段的秩序。如遇等待咨询的家长，他主动招呼，带家长参观学校，与家长聊天。曾有家长惊呼：“我们已经在这个男孩身上了解了你们的教育，就想知道我们的孩子还能报上名吗？”

话题再一次把我们拉回到了另外的一个剧情。

老师们纷纷从四面循着哭声赶到大厅。只见5岁多的潇潇一个人双手扶着窗台，对着窗外放声痛哭。老师询问他发生了什么，他头也没回，向后挥了挥手，继续号啕大哭。看他外表也没什么大碍，大家决定等待他的情绪平稳一些再问。

过了一会儿，老师又问发生了什么。

潇潇说："我不小心把乐乐打了。"然后又难过地哭了起来。老师继续问："你打了乐乐，为什么自己这么伤心？"

"因为我给他道歉，他不原谅我，说今天早上不愿意解决问题，等下午他调整好了才和我解决问题，所以我很难过。"说完，他又伤心地哭了起来。

大家这才了解了他大哭的原因。

老师关切地问他："那你需要老师陪你一会儿吗？"

他摇摇头，说："我还需要再哭一会儿。"说完对着窗户全然地投入到自己的伤心中。

大家都散了。

过了许久，大厅的哭声停止了。老师们笑着议论，潇潇的伤心已经哭完了，现在正在和他的老师高兴地聊天。

潇潇无法接纳乐乐不及时和他解决问题，接受他的道歉并原谅他，这个事件对他来讲就没有画上句号，因此从能量上他无法平衡自己。透过大哭，他让自己的情绪流淌出来，从而平衡不能及时被原谅的事实对他造成的感受。情绪被自己允许了，并透过哭释放了，早上不能被原谅的事实就被自己接纳了。

显然，在幼儿园生活了近两年的潇潇已经对自己的情绪有了自知的能力，并带着意识与自己的情绪相处，允许自己的情绪表达出来，有意识地用自己的情绪调整自己。自我负责的萌芽已经启动了。

一个人，能否在其生命成长的历程中，清明地、有界限地、自我负责地生活，取决于他的意识状态，并有意识地生活。

就如同故事中的两个小男孩的历程一样，他们需要透过成人的陪伴，认知自己内在无意识的能量，一点一点地厘清、辨识、接纳，到释然，并且在不断体验的过程中将其转化成意识的模式，逐渐在自己的生命里升华。

当然，这也取决于关系中的成人有意识的陪伴。

与儿子谈论死亡

晚上，儿子不经意间看到一些抗战题材的剧情。剧情中，孩子的爸爸妈妈都已牺牲，留下10岁左右的男孩，在硝烟中无助又悲泣。

这一幕，让儿子本能地扑到我的怀里，脸紧贴我的胸口，悲伤的情绪缓缓而来。他带着哭腔，担心地问："爸爸，那个孩子怎么办？他的爸爸妈妈都死了，他怎么办？"

孩子急切地想从我这儿获得答案。这个瞬间，我似乎明白了人对死亡的恐惧是本能的。借由剧情的烘托和剧中男孩的情绪，儿子将自己的感受投射到剧中男孩的处境中，并与之共生。这样的碰撞，似乎撞击出了人们恐惧死亡的潜在意识。我一边安慰着儿子，一边寻思着答案。

他不断地追问："那个孩子怎么办？"

我知道他担心的不仅仅是那个孩子，更多的是担心自己怎么办！

他说："如果爸爸妈妈死了，我怎么办！"

如何回答儿子的这个问题成了我眼下的功课。儿子在不间断地追问，我审视着自己内在的各种信息。

突然一个声音跳出："儿子，这就是战争。战争会有杀戮、有牺牲，人们会失去亲人，孩子会失去爸爸妈妈。战争就是这样残酷和暴力。”

听到这些话，儿子突然离开我的怀抱，好像从前一刻的剧情里抽身出来，直挺挺地瞪大了双眼盯着我问：“那为什么日本人要到中国来杀人呢？”

我回答：“这就是侵略。”

“那他们为什么侵略？”儿子追问。

“我不知道。但我知道他们想把中国的一部分或更多的资源变成他们的。”

儿子生气地说：“难道他们不知道别人的东西不可以拿吗？”

我说：“从他们的行为上看，是不知道的。”

说罢，他跑到自己的房间拿着地球仪，让我给他指日本在哪里。

当我指到日本领土的时候，他惊讶地大叫一声：“这么小！为什么日本这么小就敢侵略中国？中国这么大！”

我说：“因为当时的中国很落后……”

此后，他天天趴在地图上观察各国的疆域，并逐一比较，关注哪个国家的国土是最大的，哪个国家的国土是最小的。他逢人就问，你知道世界上最小的国家是哪个吗？是梵蒂冈。到底有多小呢？爸爸说，吃完饭散步，走着走着，一不小心就出国了。然后他陶醉在自己的笑声里。

与他聊得正欢，他话风突然一转，就冒出了关于死亡的话题。

回家的路上，他突然说：“爸爸，我不想让你死，我也不想死。”

我说：“儿子，你没有这个权力剥夺爸爸死亡的权力。”

他说："为什么？我不想让你死，我也不想让妈妈死。"

我说："你没有这个权力。生与死，在诠释着生命。只有经历生与死才是一个完整的生命。你知道吗？生命有两部分，一部分是生，一部分是死。我们现在体验的就是生命活着的一部分，迟早有一天，我们把现实中的这些事情做完之后，就要体验生命的另外一部分，就是死亡。我可不想让你来剥夺我死亡的权力，我的生命必须是完整的。我也不想活上1000年，烦都烦死了。"

听我说完，他的眼睛瞪得大大的，慢慢地回味着我的语言，感觉着我对死亡的态度。

偶然的一个剧情，让孩子初次触摸生死的话题。我知道，也是借由这个剧情，他在不断地体验并扩展对死亡的心理空间，继而上升到理性的认知。透过体验和整合这一漫长的历程，最终形成其对死亡的态度和意识。

现在看来，走进这样的剧情似乎并非偶然。目前，他已经可以坦然地与人去探讨死亡。

有一天，他妈妈的功课来了。儿子随口就问："妈妈，姥姥哪一天死？"

他妈妈生气地说："不许你这样说。"

我和妻子私下聊："你说的不是一个真相，你恰恰告诉了孩子你对死亡的恐惧，孩子会透过你的态度体验到你的恐惧的。"

我有点担心，可儿子却对我说："妈妈不能接纳死亡。"

两天后他又问我："爸爸，爷爷啥时候死？"

我说："这不是爸爸能回答的，生死不是人能左右的。"

他问："那是谁左右的？"

我说："是生命本身。生命的存在与死亡只有生命自己来决定。"

然后他说："那我可得让我的生命长一点。比如，平时多吃水果、蔬菜，多休息……"

我说："还有一个，爸爸认为很重要的就是把自己的情绪管理好……"

这是一个理性的探讨，在此过程中，我们逐渐接纳了一个事实，也渐渐地接近了真相。

邀请而非要求，和孩子们一起去探讨、分享。不是给出一个正确答案，而是在互动中和孩子们一起探寻真相。

协助孩子翻译真相

有时，事实未必等于真相。

事实是现实中所经历的一个具体事件的真实情况或者原委；真相是经由事实而升华的更加完整的精神的了悟。触摸到了事物的真相，就能从具体事件的纠葛中出离，从而超越事件，获得成长和自由。

一个人如果在经历现实中的各种麻烦后获得了成长，就必定是穿越了这些“事实”，触及了其真相。了悟了真相就接纳了事实，内在的格局也随之扩展了。

于孩子而言，成长的过程中会遇到各种各样的事，当孩子遇到麻烦的、带有创伤性的事件时，不仅仅需要他们亲自去经历现实中的具体事件，同时需要陪伴者帮孩子把现实中这些具体的事件翻译成真相。孩子有机会看见真相，就获得了这些事件背后的礼物，由此使孩子能够从这些具体的事件里抽离出来，重新整合自己，而非陷在这些事件里面纠缠不清，这就是成长。

无论成人还是孩子，在生活中越是靠近事物的真相，内在恐惧的能量就会越少，自尊和自由就诞生了。

往往，一个人固有的秩序或内在的某种结构被打破后，就会产生不适或者恐慌。由这种变化带给人的反应和感受因人而异，有些人反应小，有些人反应很大，甚至造成创伤。

飞飞幼儿园毕业后选择上了当地一家公办重点小学。三年级的一天，班里转来一位新同学，代课老师说谁先和这位新同学挤着坐一下，下课后再调座位。全班就飞飞一个人举手示意，让新来的同学和自己挤在一起坐。课中间新同学不小心把他挤到地上，看他坐地上，全班同学哄堂大笑。

老师说你们笑什么笑，你们在座的没有一个人给让座，就他给人让座了，你们还有什么脸笑人家？全部同学停止了笑声。紧接着老师又把新来的同学说了一顿："活该别人都不给你让座！"最后老师盯着尴尬的飞飞说道："别人都不让，就你让，活该你被挤到地上。"其他孩子没多大反应，可是飞飞站起来之后边哭边质问老师："人性为什么这样？为什么会这样？"他冲出学校跑到他妈妈的公司找到妈妈，扑在妈妈怀里大哭，边哭边问妈妈："人为什么会这样？你告诉我，人性为什么会这样？"当妈妈听完孩子讲述后，也难过得和孩子哭在一起，不知如何解答孩子的质疑。情急之下，妈妈拉着孩子就来到了幼儿园问老师："老师，你能告诉我们人性为什么会这样吗？"

老师听完孩子的经历后告诉孩子："人性就是这样的。在你小的时候，你在爱和自由的幼儿园生活了3年，幼儿园和家里都是以爱的方式与人相处、解决问题。所以你在幼儿园体验到的是爱的环境，这份爱就是人性的一部分，但它不是人性的全部。

"今天，你所经历的这个事件让你体验到了人性的另外一部分能量，就是暴力。课堂上老师用粗暴的方式解决你们的问题，就是这样。

"人性有很多的面向和能量，在今后，你还会经历很多的事情，体验到人性的不同能量。有些能量会让你感觉舒服，有些可能会让你不舒服，甚至伤害到你，这都有可能。但当你经历越多人性的不同面向和能量时，你就越了解人性，你的人格也就越接近完整，直到有一天你深入地理解人性，你就能接纳不同的人了。"

老师的这番话就像一双既温柔又有力的臂膀抚慰着飞飞，同时帮他从那个创伤的剧情里面脱离出来，让他看到完整的、真实的、客观的人性。这些超越事实的精神性的语言就是这个事件背后的真相，孩子触摸到了就被疗愈了，也就接纳了，继而在自己内在的结构里重组，将自己内在的结构扩大，新的秩序就建构了。

成长就是这样。当原有的结构在新的环境或关系中被打破，破碎的瞬间一定是有剧烈反应的。就如飞飞在过往的幼儿园所形成的经验：内在就像两个人手拉着手形成的一个闭合的圈一样，这个圈在小学三年级的这节课堂上被老师打破了，所以飞飞非常痛苦和不解，这种崩溃的情绪就是原有的结构破碎时的状态。孩子不断地问人性为什么会这样的时候，也是孩子重新建构和扩大自己内在结构的契机。而此刻最为关键的就是，身边陪伴孩子的人要有高度的觉察和稳定的情绪去支持到他，切不能与孩子情绪共生。

老师就相当于一个对现实的翻译者，把孩子所经历的事件有意识地翻译成真相。孩子内在原本两个人手拉手的圈经由这次事件就组合成了三人手拉手的圈，发生的事件被纳入新的结构里，内在的格局也随之扩大了。

看到了吗？所以当麻烦来临的时候，你如何帮助孩子，以什么状态去帮助孩子，怎么帮助孩子把现实中的问题翻译成真相，就是你最大的功课。

听到老师的语言，飞飞即刻止住了哭泣，趋于平静。我们知道，孩子的内在结构与真相再一次碰撞的时候，一个更广阔的、新的秩序正在重新组合，并在今后的日子里不断地超越、包括，然后再超越、再包括地进行下去，生生不息。

让孩子有机会去完成内在的历程

子健上了4年幼儿园，据我观察，他在园的4年里面只有一个朋友。但他们两个真的很好，形影不离。我观察他们聊天的模式：一个说自己想说的，另一个认真听，不做回应；等一个讲完之后，另一个再说自己感兴趣的。其实两个人没有共同话题，但是其乐融融，难怪其他孩子不跟他们玩。

有一次去北京出差，我给儿子带了一套正版大黄蜂玩具。晚上我帮他一起拼，拼了半天没拼出来，熬到半夜也没把大黄蜂变成车。他特别失落，我就说："爸爸给你出个主意。明天你带到学校里面，预科班里有大哥哥，他们可都是高手，给你几下就弄出来了。"等到第二天，还没找到预科班的大哥哥给他拼装，他的好朋友就用一个指头大的玩具人偶把大黄蜂交换走了。

自此之后，那个大黄蜂再没有出现在学校里，这件事也就这么结束了。直到两三年后，突然有一天，那个小男孩把大黄蜂拿来学校，装在书包里面。这个时候他们还是在一起玩，只是不在同一个班了。书包一拉开，子健两眼放光，一下想起了什么，就跟那位小男孩说："我有些东西，我俩可不可以交换？"

小男孩特别警觉，赶紧拉上拉链扬长而去。

就这么等了一节课。下课后，子健又去找那位小男孩说：“我们不交换了，你可不可以借给我玩一天？”

小男孩说：“明天我带给你玩。”

子健就说：“那好吧。”

这之后的一天，子健见到那位小朋友，又问起这件事。小朋友回答说：“今天我没带。”

子健说：“那你带来的时候就借我玩一下。”

子健好像在这儿画了个句号，这事就这么要过去了。

一直到下午放学，这个男孩的妈妈来接他。他妈妈来的时候买了两颗糖，说：“你跟子健分享。”

小男孩把棒棒糖就装进了书包，背着书包来找安子健。结果一拉拉链，大黄蜂就这么暴露出来了。小男孩棒棒糖也来不及掏出来，抱起书包就跑，跟他妈妈说：“赶紧回家。”

就在这个时候，子健好像突然把那天一天发生的事情联系起来了。我不知道他的心理历程走了多久，直到有一天在回家的路上，他突然和我说：“爸爸，我决定把那个朋友从我的朋友圈开除。”

我问他：“发生什么事情了？”

他把头低下来，说：“不想告诉你。”

等到第二周的星期六下午，他说了同样的话，然后我又问：“到底发生了什么事情？”

他再次把头低下说：“我不想告诉你。”

等到第三周的时候，他还是说了同样的话。

我就说："爸爸想跟你认认真真地谈一谈你的事情，你愿不愿意跟爸爸谈？"

然后我们进了房间，他就把那一天的那段经历给我复述了一遍。末了，他说："所以我决定把他从我的朋友圈里面开除了。"

我问："那你原谅他吗？"

他说："我早就原谅他了。"

接着他又强调了一句："我们两个可以在一起玩，但是不能做真正的朋友。"

我问他："为什么？"

他说："真正的朋友是不可以欺骗对方的。"

他说完这句话，我的内心被碰撞了一下。

其实我初听到这句话时，作为孩子的爸爸是很难过的，因为我知道幼儿园的4年里，他只有这么一个朋友。现在因为这样一个事件，他做了一个决定，把那个男孩从朋友圈里面开除。他说完的时候，没跟我对视，说："爸爸，我想一个人待一会儿。"

我说："好。"

然后我就起身，把门合上的时候顺势扫了一眼，他已经爬到自己的床上，把头埋在他的枕头底下。我关上了门。

但是关门的瞬间，我很欣慰，为这个生命而感动。

这个孩子经历了这样一件事。之前的所有意识碎片，透过他的情绪、透过他的感觉，从心里的通道走了过来，他走完了心理的这个历程。有的孩子针对同样一件事情，或者说不同的孩子针对不同的事情，他的心路历程的空间是不一样的。有的孩子可能瞬间就完成了，有的孩子心理节奏可能会长一些。但是，任何一个人必须有这样的一个过程，你要允许他完成。在那个历程里面，他有可能会很孤独，但是他的历程是属于他自己的。

再看认知，就这个事件来说，他最后做了一个决定："我们俩可以在一起玩，但是不能做真正的朋友，因为真正的朋友是不可以欺骗对方的。"这个决定的背后是他对朋友，或者说他对关系本身触摸到的真相。

你观察一下预科班的孩子，采访一下"你为什么跟他是好朋友"，孩子会说"因为他理解我"，而不再说"他有好吃的、好玩的……"当你允许孩子去经历，他们基本上都能走到这个真相。

孩子从现实的事件，从物质的层次，最终走到精神层次，取决于是否被允许，取决于他的身体、情绪、感觉、心理和认知是否有空间和时间去经历每个历程。如果不被允许，他就没有机会。

爱和自由系统里面对"精神"的解读是"对真、善、美的了悟"。当孩子经历任何一个事件，触摸到真相，意味着他的这个历程走完了一圈，从而内在的精神胚胎就被转化一次。精神胚胎不断地被转化的历程就是自我诞生的历程。所以，一个生命能不能触摸真相、形成自我，不仅取决于孩子跟成人的关系中有没有精神生活，而且取决于孩子在任何一个事件里面有没有机会去完成他内在的历程。

遵从你的心，获得自己的节奏

限制性信念或者制约的能量大多源于成长过程中所经历的创伤性事件形成的最初经验。生命中最深的痛苦往往锁定在这些最初的经验里，就像一个热爱表演的孩子因为长相不好被淘汰出局，就如儿童第一次被原本爱他的父母暴力对待……

生命里有一种模式：为了能较轻松地活下来，就会努力地忘掉成长中这些最初的痛，就像我们身边多数人模糊的童年一样，成为潜意识的一部分。也是为了能够轻松地活下来，这个爱表演的孩子在一次次被出局的经历中最终终止了他对表演的热爱，为了平衡这种创伤，在他的生命里滋生了一种新的经验，这种新的经验能够帮他避开因长相而被拒之门外的痛，这种经验就是限制性信念或者制约的能量。现实中，一个声音告诉自己“我不喜欢表演……”似乎只有这样才不再痛苦，甚至麻木。

儿子一天下午放学出校门比平时晚，上车一句话不说，完全沉浸在低落情绪里。些许时间后，我打破了车内低沉的情绪。

“爸爸看你一上车情绪就很不好。”

话音刚落，他的眼泪就吧嗒吧嗒地掉落下来。他说：“我很难过……”

他守着自己的那份难过，流着眼泪，不再像幼儿期那样号啕大哭，只是跟我说："我很难过，我就是很难过。"

"能告诉爸爸，发生了什么吗？"

他说："今天下午背课文的时候，我基本上成了最后一个才背完的……"

他所在的班里有大约20个孩子，这次离校比较晚。步入四年级，PACE教学模式[①]有约定：当天的学习任务要在当天完成；当天完成不了就会被记一次延误；整学期下来累计延误5次及以上，就不能实现千分要求。这种激励机制对于孩子们来说是一种荣誉、一个短期的愿望或是一种肯定，总之，他们很看重。

我问他："那你今天延误了吗？"

他回答："没有。"

"哦，是不是很惊险，差点就延误了！"

他点点头嗯了一声。

"爸爸了解这种感受。有一次赶飞机一路堵车，身体使了一路的劲，好不容易到机场却看见一架飞机腾空而起，悬着的心突然碎了一地，感觉这架飞机一定就是爸爸的那趟航班。果真就是这样，误了飞机，别提有多沮丧。"

他没有接我的话，还是很难过，哽咽着说："本来我自己觉得自己背得挺好的，但背着背着就发现身边的同学陆陆续续都回家了，眼

---

① PACE教学模式：阶段性教学模式。一个班里会根据每个孩子学习节奏的不同，至少设置三种不同的PACE，一个PACE的目标内容完成了，才能进行下一个目标。每个目标完成后都有积分，积分达到一定程度后就可以进入千分俱乐部，提出自己的千分要求。

看着自己越来越靠后了……”又一阵难过的情绪涌上他心头。

“是不是觉着自己最后一个完成的就很难过？”

“是比较靠后，但不是最后一个。”

“那爸爸不知道你因为什么这么难过？”

“可是别人都背得很快，自己背得很慢。”他边哭边说。

“噢，爸爸明白了。”

我想了想，问他：“儿子，你觉得是猴子的速度快，还是熊猫的速度快？”这个话题让他从情绪里面稍微走出来了一些。

他不假思索地说：“当然是猴子。”

“那你告诉我，熊猫必须得变成猴子吗？”

他一下就明白我想表达什么了，说：“那倒未必。”

我说：“是呀，如果熊猫想尽一切办法把自己变成猴子的话，你知道意味着什么吗？意味着熊猫就失去了自己的价值，中国就没国宝了。”

我打趣地说，他揉着眼睛咯咯地笑。他立马回应：“我现在明白《功夫熊猫3》到底拍的是什么了……就是谁能做什么就把什么做好，能翻跟头的就把跟头翻好，喜欢包包子的就好好包包子……”

虽然他之前已经看了好几遍这部电影，但这一刻似乎把这部片子所要传递的精神跟自己当下的状态关联上了。

我说：“儿子，人终其一生都在努力让自己生活得好一些，无论追求的是物质还是精神，这都没问题。在现实中最快捷的一种方式，就是跟随你的心，找到自己做事的节奏。当你必须面对现实中的麻烦，或者今天遇到这个问题时，你能不能守住自己，并且透过这些问题去发现自己的节奏，这是关键。就拿背课文这件事来讲，当你发现别人背得比你快的时候，你有没有透过这样的机会去发现自己背诵的节奏？你发现都有谁背得比你快呢？”

他很快就罗列了几个名字出来。

我问：“他们背得有多快呢？”

他说：“班里有一个孩子，他基本上眼睛把课文看一遍就记住了。”

我说：“在背诵的领域，人家是个天才，看一遍就记住了。”

他说：“他每次都这样。还有的背得快的孩子最多背三到五遍，就可以结束了。”

我问他：“好，那你需要多少遍呢？”

他说：“至少要十遍。”

我说：“很好，你发现你自己至少要背十遍。如果想要完成得准确率非常高，你觉得自己需要背多少遍？”

他说：“十一二遍。”

我说：“恭喜你，在你这么痛苦的时候，能够发现自己背课文的节奏。有的孩子背一遍就过了，有的同学要背三到五遍，他们的节奏像猴子一样迅速；你需要背十一二遍，甚至二十遍，就像熊猫或考拉一样缓慢，这就是你背诵的节奏。所以你最关键的就是要安安心心地做你自己，尊重自己的节奏，逐渐你就会发现自己的优势了。无论你多晚从学校出来，爸爸都会等你，都会用一张笑脸来迎接你，并对你说，恭喜你，儿子，熊猫出来了。这是爸爸能做到的。”

一番对话，儿子显然从情绪里面走了出来，释然了。

后来，儿子在背诵这个领域开始逐渐接纳自己的节奏，并以此开始在其他方面也有意识地观察和把握自己的节奏。当我最近再次和他讨论起此故事的细节时，他说：“爸爸，有几处细节是需要纠正一下的，由于我当时晚出学校情绪太大，所以说有的孩子一遍就能背下来，这是不可能的。这样夸张地说只是想表达我和别人的差距特别大，那是我在情绪之中的语言。其实现在看来，大家都差不多，快也快不到哪儿去，慢也慢不到哪儿去。”

当班里的同学越来越少的情景下，儿子看到自己与他人在速度上的差异，产生了焦虑、难过、不能接纳自己等各种复杂的情绪。这些情绪同时消耗着孩子的能量，使其眼下做事情的战线拉得更长，或者消耗掉孩子做事的心力。对于孩子来讲，这种体验是痛苦的，而且这种痛苦的体验就在运作着一个模式：弱化或模糊自己在这一部分的节奏和能力，形成一个限制性的信念或者制约，比如我记忆力很差等，从而合理化了现实中的事件，同时将每次所产生的创伤深深地储存于潜意识里。这一微妙的历程是孩子很难突破和觉察的，孩子是需要支持和关照的。

基于情绪，我们有机会看见孩子以及情绪背后的事件，并帮助和陪伴孩子梳理这些交织在一起的复杂能量，使其在成长中遇到的每一个麻烦能够带着意识去共同经历，最终有意识地生活，有意识地活着。

我知道，走出限制性的信念或制约的能量就必须得这样，留意生命中那些藏得很深的、最初的痛。孩子是，成人亦是。

孩子遇到的生、长、病、老、死

人生不如意事十之八九。对于手无寸铁、不谙世事的孩子来说，每天的生活更是麻烦不断。生、长、病都属于这样的麻烦，还有老和死，也是儿童可能面对的发生在至亲身上的大事件。

别小看生和长，出生、生长痛、长牙、换牙、打针、吃药、青春期……都会带给孩子冲击，对于小朋友来讲，都是大麻烦。现代医学都在努力缓解这些由生和长带来的不适感，爸爸妈妈更需要在这点点滴滴的事件中去陪伴孩子经历完整的历程。

我总是强调完整，强调历程。就好比新冠肺炎疫情，不取决于主观意志，它就是来了，然后我们经历了开始、高潮和回落，我们的历程又是全世界进程的一小段。在一个完整的历程中一些新的智慧出现了，小朋友的内在也经历着这样一个又一个的历程。

我妹妹有一个上四年级的女儿，疫情期间她逆行前往一线工作，由妹夫一个人带孩子。妹夫是一位军人，对孩子的照顾比较谨慎，强调卫生防疫。孩子很长时间没出门，第一次出门戴着帽子、口罩，全副武装，还什么都不能碰，看得出身体和心理上都很紧张，有一种恐惧的能量。

我跟外甥女说：“我问问你，对于疫情防护，你爸爸专业还是医学专家专业？”

她笑了笑，一种不言而喻却不便明说的浅笑，没有吭声。

我说：“我学习到防护有三个要素。第一，人与人之间的距离要保持2米左右；第二，要戴上口罩，因为飞沫会传播病毒；第三是勤洗手，就这三个要素。我们国家现在大体上已经防住了，尤其像银川属于比较安全的一个地区。”

我跟她聊，就是想照顾她在这个阶段对疫情的过分紧张和恐惧。这对孩子来说，就是一个麻烦。通过沟通，我想把理性和科学的认知带给她。

我的这番话肯定会对她起作用，但未必是当下，儿童需要一个心理的过程来慢慢消化，慢慢面对这个事情。

关于生老病死的话题和事件，我都归类到了生理属性的成长这一部分。

在我的态度中，面对这类问题时，学科精神是至关重要的。比如，青春期的孩子问的有些问题，把家长问得目瞪口呆，不知道自己怎么回答，受限于文化和信念，会觉得很不好意思，难以启齿。其他生理性的问题也都会有相似的境地。一旦父母的文化和信念中找不到孩子困惑的出路，学科精神就该出现了，成人应当有意识地寻求学科的帮助。

从生命科学的角度、从医学的角度、从人体的角度、从最经典的文学艺术的角度，给孩子提供理解这些事件的信息和资料，和孩子一同在这些学科中去探讨他们的这些“麻烦”，在“麻烦”中建立起清晰的学科概念和认知结构的基础，借助那些人类文明的精髓去支持到我们的孩子。

关于死亡，我记得我的同事给我分享的一段经历。她在广州，住的小区里边有一位外籍爸爸，看上去60岁左右。一天他带着自己五六岁的孩子在小区广场上玩。孩子在滑轮滑，向着爸爸滑过去，爸爸半躬身，给孩子录像。孩子滑到近前的时候一下摔倒了，爸爸下意识弯腰去扶孩子，结果突发脑溢血，扑倒在地。路过的人迅速上前施救，有医生现场心肺复苏，有人打急救电话120，有人问家人在哪里……孩子吓坏了，呆立在一旁，不出声地流泪。

同事的先生上前跟孩子说："带我去找你妈妈，让妈妈来帮爸爸。"孩子似乎才一口气缓了过来。

孩子的妈妈带着孩子再赶到现场时，120的医疗人员也同步赶来。整个抢救过程，孩子的妈妈牵着孩子的手，搂着孩子的身体，坐在一旁非常安静。

抢救了将近1小时，这位爸爸还是走了。跟医生简单地交涉了几句后，妈妈非常平静地对自己的孩子说："对不起，爸爸已经离开了，我们现在需要去跟爸爸说再见。"

孩子顺从地跟着妈妈，走到爸爸身旁道别。

我的同事被这个时刻那位妈妈平静的力量和仪式感深深震撼了。

我听完之后想了好长时间，不知道这位妈妈内在经历了什么，在面对这样一个突发性的事件，在孩子面对这个事情，亲身经历这个事情的时候，能够如此稳定地、理性地给孩子做这样的解释，以这样的一种方式来面对。

她平静地带着孩子向丈夫道别，这个与孩子的互动，蕴含着母亲与孩子探讨生死时的一种态度——生命是一段历程，当死亡来临就是历程中告别的时刻。这个对死亡的态度就是母亲翻译给孩子的“真相”。

现实中这么大一个创伤性的事件，这位妈妈能够如此平静地去面对，这真的是很感人。当然，在后续漫长的时光里，孩子依旧需要用很长的时间来完成这个告别的心理历程。

我一直在思考，换作是我，很可能都无法做到。我解释为这位妈妈内在真的有非常深沉而宏大的爱，才可以如此稳定地来面对这个事件。在关于生理性的事件——生、长、病、老、死，父母如何陪伴、秉持的态度，对孩子都很重要。

依我看来，无论是社会的进步还是人的进化，都不单单是靠着生物体的缓慢演变而被动地前行。就像我们在亲子关系中，总会无意识地把希望、责任、未来寄托于孩子身上。现在，我们就可以把这些潜在的能量转化成意识的状态，在自己的生活中、在与他人的关系中带着这些清晰的意识，有意识地去生活，有意识地经营自己，不再把自己的人生安置在潜意识里，等待着被救赎。

有意识地为自己负责，有意识地生活，就是对社会最大的贡献，对关系最大的负责，对孩子最大的爱，对自己最大的慈悲。

如何面对孩子闯的祸?

儿童的成长既是一个生理上的成长，也是一个社会化的过程。社会化的历程中必然会经历各种麻烦——突发性的意外、事故，认识社会要求，触犯规则，挑战权威，试探界限，遭遇各种冲突，学习和消化自己尚不了解的各种事件。

孩子需要透过完整地经历自己在这个历程中制造的或者遭遇到的麻烦，去发现自己在社会中的责任、权利、义务、和他人的界限，以及创造和寻找到在社会中属于自己的位置。所以我们才有成长自己，才有修行这么一说。而成人可以做的，就是完整地陪伴孩子，去有意识地经历这些麻烦，这个历程也是成人的自我修行。

同事的孩子是个5岁的男孩，比较淘气。

家里的阳台上放着一瓶墨水，有一天，孩子趴在那儿玩，玩着玩着就把墨水瓶盖给打开了。他拿着墨水瓶，头往外探，手伸了出去，说时迟那时快，把墨水倒掉了。

很凑巧，楼底下有一位男士路过，墨水噗的一声，洒了他一身。一抬头，他就看见了阳台上的孩子和他手上的墨水瓶，顿时火冒三丈。

不一会儿，一阵急促的敲门声传来，同事连忙把门打开。看见一副非常生气的面孔，她感到诧异。

男士一看到孩子家里有大人，就开始怒气冲冲地控诉着孩子的“恶作剧”，能感觉到他身体里冲动的能量不断地向外涌。

由于男士的震慑力极强，孩子一下子就被吓到了。这时，同事有意识地把孩子护在了身后，她知道孩子承受不住这样的压力。

听完男士的控诉，她平静地说：“我是孩子的妈妈，刚才你说的事情，我大致明白了，可能是孩子在阳台上把墨水瓶盖拧开了，一淘气，就倒下去洒在你的衣服上了。我作为孩子的妈妈，作为孩子的监护人，首先向你道歉。非常抱歉，对不起。孩子现在很害怕，所以由我来跟你沟通。你看这件事怎么解决比较好？”

男士没料到对方如此冷静，他的情绪也好像瞬间被安慰了一样，语气缓和了几分，说：“你来说怎么解决！”

同事说：“你看这样行不行？我先把这件衣服拿去干洗店洗，如果能把墨渍洗掉，我就还给你。如果洗不掉，我赔一件给你。可不可以？”

男士说：“那就这么说好了。”

在这个过程中，孩子始终躲在妈妈的身后，抱着妈妈的腿，头顶在妈妈的屁股上，身体一直呈现出防御的姿势。

等男士离开，同事开始跟孩子核实刚才发生的事情，孩子便把事情经过描述了一下。

描述完之后，同事问：“刚才叔叔敲门进来，冲着我们吼的时候，你是不是非常害怕？”

孩子说：“是的。我也不知道为什么，就把墨水倒下去了，而且就倒在了他的身上。”

孩子还处在害怕的情绪中，同事先倾听孩子，跟孩子把情绪问题解决了之后，又回到具体的事情上，说：“因为你刚才做的事情把叔叔的衣服弄脏了，所以你要为你的行为负责任。首先去干洗店洗衣服的钱要从你的零花钱里面扣。”

孩子点点头，说：“好的。”

同事带着孩子一起将衣服送到洗衣店，又一起去取回了衣服，衣服上的墨渍洗干净了。

同事对孩子说：“你做的这件事是非常危险的，也是错误的。归还衣服后，你要向叔叔道歉，请叔叔原谅。”

最后，同事按照那天男士留下的地址，陪着孩子找到男士的家，把衣服还给了他。当孩子向那位男士道歉时，男士不仅不生气了，还觉得很感动。

孩子制造了一个麻烦，透过妈妈的处理，孩子把事情完完整整地都经历了。他亲历了自己错误行为背后的后果，也为这个行为负起了责任。对于孩子来讲，他就获得了麻烦事情背后的礼物，同时也获得了一次成长的机会。

大多时候，孩子闯了祸，成人内在会升起本能的、防御的机制。指责自己、孩子或者他人都是这样一种防御。这样做不但没有帮助孩子把麻烦背后的礼物拿到，反倒给孩子增添了更大的恐惧的能量。

我们的小学还在唐徕小区时，有两个男孩，一个高年级，一个低年级，已经放学了，爸爸妈妈还没有来接，他们就在大厅玩。玩着玩着两个孩子就发生冲突了，高年级的孩子把低年级的孩子打了一下，打完之后，两个小朋友就撕扯在一起了。就在这个过程中，小一点的这个孩子的妈妈来了，刚好看见孩子被打了一下，妈妈就不愿意了，上前就与那个高年级孩子吵了起来。恰好这个时候，大孩子的爸爸也来了。这位爸爸没有看到前面的事情，就看到一个成人对着他的孩子这样吵，也不干了，两个成人又开始吵起来，越吵越凶。

我在办公室就听见吵架的声音，冲出去一看，是两位家长在对着吵，劝也劝不住，我就上前把他们直接请到办公室，跟他们来解决问题。先了解事情的前前后后、是是非非，等把问题都说清楚了，大家都平静下来了，我突然感觉到我的办公室门外有两个孩子在侧耳偷听。

我故意把声音压低，说："你们相信不相信，你们的孩子在外面早都已经和好了。现在他们压力非常大，就担心你们两个发生什么事。你们悄悄把门拉开，他们俩就在门背后。"

然后妈妈起来一拉门，俩孩子正听得专注，耳朵还保持着贴在门上的姿势。

孩子进来了，我问孩子的感受，一个孩子说："他们吵得那么凶，我觉得很害怕，觉得自己犯了大错了。"

另一个孩子说："没事没事，我们可以自己解决的。"

说完，他们还互相去安慰对方的家长。那个时候，房间里的人好像都屏住了呼吸，很安静。这个画面也深深地刻在了我的记忆里。

这有点像《父与子》的漫画一样，两个小朋友发生冲突了，孩子的爸爸大打出手，但小朋友早已和好了，又继续玩着。

这也是在孩子成长的过程中遇到的麻烦。谁不磕磕绊绊？谁在关系中不跟别人发生矛盾？这是不可能的。如果成人不去有意识地面对这种麻烦，保护也好，斗争也好，处理也好，都停留在本能的防御层面，有时恰恰是雪上加霜，不但没有帮助孩子把这个麻烦背后的礼物拿到，反倒给孩子增添了很多恐惧的能量，麻烦上面又滋生了一个麻烦。

如何有意识地去面对孩子所经历的麻烦呢？最重要的就是建立一个意识——麻烦背后有一份礼物，你要有意识地带孩子去拿到那份礼物。那么，怎么才能拿到礼物呢？

第一，当孩子经历麻烦的时候，有始有终地带着孩子一起去经历事件的完整过程。每个人的节奏不一样，事件完成后，孩子也许还有自己的心理历程并未同步完成，而且有的孩子快一些，有的孩子慢一些。当孩子把这个事件纳入自己的内在，他内在的结构就会扩大、扩充。

成人不要基于本能的防御而站在孩子前面去完成孩子的功课，剥夺孩子这样一个完整的心理过程。有意识地退一步，多看、多观察，等待孩子，在旁边协助孩子、支持孩子，让他完成他力所能及的事情。在亲子关系中，我们应当对此有所警觉。

第二，当孩子遇到麻烦，他会有情绪、有感受。情绪卡在那儿，会形成一种能量，成人需要把注意力放到那个能量上去辅助孩子。幼儿可能更多的是需要爸爸妈妈的倾听，让情绪能够释放和流动起来。大一点的孩子更多的是沟通，先听孩子对事件的感受和想法，爸爸妈妈再帮助孩子看到他尚未看到的部分，在沟通的过程中碰出事情的真相。现实中发生的麻烦会呈现出一个事实，但未必是真相，所以在跟孩子互动的过程中，父母要充当现实的翻译者，让孩子靠近真相。这是非常重要的点，一旦孩子能触碰到事件背后的真相，麻烦就不再是麻烦，这个事件一定会将孩子内在的格局撑大，孩子就拿到了这个麻烦背后的礼物。

所以在陪伴着孩子经历点点滴滴、大大小小的麻烦时，我们能不能有这样一个意识，即跟孩子认认真真去探讨，并透过这样的探讨，透过这样完整的经历，去拿到这个麻烦背后的礼物。每一次，孩子在经历麻烦时，都能触摸到真相，他的人生将非常宏大，非常稳定，他生命里面爱的能量就会溢出，恐惧的能量则会越来越少，被转化。

当麻烦来光顾我们，或者来光顾我们的孩子时，我们不要本能地急着去反应。它不是无缘无故来找你，任何一个麻烦都跟成长有关。时间长了，你回过头去有意识地思考，你经历过的麻烦都在撑大你内在的格局，每一个麻烦来临的时候，一定是你需要完成的一项功课。当我们有意识地去经历这些麻烦，生命就伴随着事件的告一段落而上了一个新的台阶。这样的一种状态，取决于我们如何回应那些麻烦，不同的回应就有不同的结果。

儿子开始服务于别人

早晨，儿子又急促地穿上衣服，第一个跳下床跑进了厨房，拿水壶接上水，放在灶上，打着了火。他自言自语："我又为家里烧水了，自己烧的水真好喝呀！"他在客厅大喊着："爸爸，你现在渴吗？"我回答他："渴。"他兴冲冲地跑到我的床头念叨："自己烧的水可真好喝呀！"话里话外溢着喜悦和满足，将自己的这份愿望和情绪毫不掩饰地分享。

没注意他自己怎么学会的使用燃气灶烧水，但他连着几天都忙忙乎乎的，生怕自己的这点兴趣让别人给替代了。他给三个杯子倒满水之后，就要提示大家该喝水了。等我喝完就要跟我核实好不好喝。每次得到满意的答案后又自我感叹"自己烧的水真好喝"，并沉浸在自足的情绪里。

很有趣，从他急促起床生怕别人烧水，到他边做边念叨，再到我们喝上水，他都无比的满足，都显得如此的单纯。同时，我能清晰地感觉到这个单纯的娃娃开始逐渐踏向了"社会"。

新校区正在装修。我对一个身影记忆犹新。他和我是同龄人，高度近视，身上总感觉散发着复读多年未上红榜的气息。他在工地上一声不吭，来来回回地搬运着几十公斤瓷砖，汗流浃背。我和他四目相对的时候内心五味杂陈，能感受到各种复杂的情绪如同沉重的瓷砖压在他看着并不结实的脊背上。下沉的瞬间，所有的情绪一并压了下去，让人心里如此沉重，如此不好受。这是对命运的臣服还是对生活的认命，抑或另有其他？

多么熟悉的眼神！多么触动我的瞬间！

与包工头聊了几句，他说："这就是社会。"

走进大厅，凌乱中存留着秩序，各个工种在嘈杂中安静地干着活。背瓷砖的小伙子正巧经过，被同乡叫住，请求帮忙扶一下石膏板，他打两个气钉即可，却被这小伙子断然拒绝："你挣钱还是我挣钱？"然后冷冷地走了。

他绝对的冷漠，直截了当，毫无余地。

难道这就是包工头所说的社会？社会就是这样吗？

一进家门，儿子上来拉着我就要玩玩具，一会儿说这，一会儿说那。餐桌上，他看我喝水便问："好喝吗？""太好喝了！"他期待着让自己满足的回馈，在被满足后的那一刻又问我："当你当爸爸的那一刻你开心吗？""开心。""有多开心？""非常、非常……开心！"他心满意足地笑开了花。我俩默契地把头凑一起碰了碰。显然，他的那碗饭已经没心思吃了。

社会，好有趣的现象！

一个孩子，似乎透过正在体验的生活技能建构自己的价值体系。当他以服务于他人的方式体验自我的时候，被满足的同时又扩大了他对关系的意识。他独立存在的同时，也逐渐迈向了关系，又在关系中存在了。这是不是一个人的社会价值感系统？还是一个生命在社会化的历程中就被社会化了？就像上述搬运瓷砖的小伙子一样，吞咽不下的尴尬、羞涩、无奈、坚忍、不服，各种情绪被生活强行压了下去！

各有各的社会，各有各的价值。

突然就像发现了秘密似的。

越是自我价值感高的个体，越善于服务于他人。社会化了，价值感即诞生了。

我何尝不是呢！

当我想到我是一个孩子的爸爸时……

当我想到我是一个孩子的爸爸时,
喜极而泣，感动如初。
四目相对的瞬间,
融化了我的世界,
世界不再大，也不再小,
而是那么具体——
一只勺,
一声笑,
……
朴素又浓重,
紧张又踏实。

当我想到我是一个孩子的爸爸时,
下意识地，用鼻子稳稳地吸了一口气,
心重重地敲了两下,

身体松软了。

生命里多了一个维度，

重新定义了自己，

烦恼不再是烦恼，

惆怅不再是惆怅。

当我想到我是一个孩子的爸爸时，

一切归于简单，

看变成了看，

听变成了听，

玩变成了玩，

哭变成了哭，

……

简单中，渐渐地学会了安放自己，

简单中，渐渐地看清了自己，

简单中，渐渐地为自己负责。

简单地活着。

当我再次想到我是一个孩子的爸爸时，

明忆发来了催稿的声音，

我侧目窗外，

天不好不坏，

不阴不晴，

麻雀尖叫，

燕子追逐，

会心一笑，

时间，真快。

小剧场

瞧这一家子（四）

儿子不小心把我送的色粉笔弄断了。他很沮丧，一是为物品坏了，二是为物品是我送的。

我问儿子："你说一个人自己的东西让谁保管最放心？"

"当然是自己保管最放心。"

"是啊，爸爸给你买的东西就是你的，我相信你保管它是最用心的，同意吗？"

儿子豁然开朗。

我继续问："笔断了，你发现了什么？"

"它不像油画棒那么结实，轻轻一划就有很多小颗粒落在纸上，力量大了很容易折断。"

"这就是你获得的礼物。使用了一次，你就发现了这个秘密！"

儿子开心地回应："还真是的！"

每次挫折，都有礼物。

——子健爸爸

5

第五章

孩子生长在关系中

关系就是一个能量场。

关系不同，能量场就不一样。

夫妻关系就是孩子生活和成长的能量场。

任何一个家庭，要把夫妻关系放到关系的首位。

家庭中的关系是夫妻双方共同创造的能量场。在夫妻关系里，彼此释放什么样的能量决定了此能量场的场域。这个场域有可能滋养到关系中的每个角色，或障碍关系中的每个角色，这取决于夫妻彼此对关系的回应。这个能量场也是孩子成长中的家庭动因或家庭动能。

我是美好的，我也是邪恶的

甲：“我是无私的，我也是自私的，这就是我，我把自己生命中的两部分能量介绍给你，希望你看见并接纳。”

乙：“我看到了你的无私，同时我也看到了你的自私，这就是你，我接纳你生命中的这两部分能量。”

以上对话是在我的工作坊中进行的一个活动：两人一组，按照以上方式表述彼此内在相对立的两部分能量；每组进行完之后再换不同的伙伴练习。在这样一个相互支持和信任的场域里，大家很快从防御的状态中放松下来，并尝试着将自己之前不愿呈现的负向能量在此活动中呈现出来。当大家在互动中不断深入和觉察自己内在各种隐藏的能量时，会场也呈现一种久违的感动与真实。每个人为自己真实又勇敢的表达而感动，为伙伴的接纳和理解所感动。这样的体验总能触碰人的心底，让每一个参与者能够如实看到自己内在真实而完整的能量，并有意识地将这些长久被分离的、隐藏的二元对立的能量归于完整。经由对能量的完整性的体验和觉察，每个人对自己之前所不能承认、接纳的负向的能量多了一份慈悲和允许，也因此对身边的人多了一份宽容和理解。活动结束后的分享环节，大家发现了一个有趣的秘密：原来大家都一样。正负能量本为一体，以后试着敞开自己，不需要伪装。生命如是。

相比正向的、光鲜的、积极的能量，人似乎很难承认和接纳自己内在负面的、阴暗的、消极的能量，这种状态就像生命本能的保护机制，似乎只有把这些所谓的负面的能量深藏起来，在现实中才是安全的，才是被认可和接纳的。我并不知道人类从何时开始分离生命中本应完整、合一的能量，但不得不承认这种分离的意识制造了人内在的冲突——执着正向的能量，逃避负向的能量。当一个人无法面对自己的这些负能量时，内在就会努力审判和打压这部分能量，而又在现实中拼命地追求与之相对的正向能量，以此掩盖和逃避负向能量在现实中带给自己的各种危机与感受。现实中，追求快乐，反对痛苦；追求成功，反对失败；追求坚强，反对软弱；追求赢，反对输……一个完整的能量被撕裂成两半，生命也将不再完整。当这些负向的能量被动地封锁在潜意识里，而不能被有意识地观照时，这些能量就会转化成破坏性的能量。

一个不能接纳自己内在完整能量的人，在现实中就处在一种失衡的状态。在与他人的关系中，他就很难接纳他人呈现出来的完整的能量。这种不接纳的态度就是破坏关系的动因。为了迎合或忠诚于关系，人们（往往弱势的一方比较突出）会把自己内在完整的能量无意识地撕裂成两半，并把一半能量隐藏起来。这样的关系是不对等的，当然在能量上也是失衡的。关系中的能量一旦失衡，关系中（往往弱势的一方比较突出）潜在的无意识的能量就会启动，以此来平衡当下的关系。这种潜在的能量往往是具有代价的，尤其是一个家庭中的三元关系：丈夫、妻子、孩子。孩子为了在关系中求得安全和生存，就必须忠诚于关系。一旦家庭关系出了问题，孩子的潜意识会不择手段地改变自己成长的轨道，以此拯救家庭关系，甚至以牺牲自己的方式来维护关系，以此来赢得其生存的环境，这个环境就是爸爸妈妈的关系。

一个远道而来的5岁男孩被诊断为自闭症。妈妈衣着华丽，事业有成，言语间流露着强势和优越的气息。爸爸是名法务工作者，常年出差，话虽少但很犀利。孩子妈妈说，当她突然有一天发现自己的孩子与同龄孩子表现得不一样时，她就选择把孩子关在家里，不想让外人知道。她说："我这么优秀，这么成功，我的孩子怎么能是这个样子？我不能接受！我不能让外人知道我的孩子是这个样子！"之后孩子就很少有机会出门，在家里由保姆陪着。由于孩子的状况特殊，保姆更换频繁，两年多的时间里，孩子的情况越发严重，以至于无法正常入园，这也是他们来访的主要原因。

走进我的办公室，我让爸爸和妈妈的手松开孩子的胳膊。顷刻间办公室被扫荡一遍，孩子无意识地走到门前，抓住门把手，使劲摇晃，无意间打开了门，于是用尽浑身的力气把门甩出去，发出巨大的声音。然后他又着急地拧开，又甩出去……自始至终爸爸咬牙切齿不吭声，怨恨的眼神时不时地瞪一眼妻子。妻子几乎屏蔽了丈夫的一切举动，只是眼前的这个孩子让她如坐针毡。孩子甩着门，听着声音，浑身震颤，嘴里不时发出"嗯"的声音。由于声音过大，我让妈妈终止了孩子的行为，带孩子到院子活动。

此时，已是幼儿园孩子午饭的时间，院子没有其他小朋友。小男孩冲到院子像刚出生不久的小斑马，跌跌撞撞，显得既冲动又紧张，奔跑时两只脚时不时撞在一起把自己绊倒。他不经意间冲进沙池，沙子的松软让他无比震惊，双膝落在沙子上不知所措，突然双手抄起两把沙子喂到口中，愣了半天又吐出来，还没怎么吐干净，迎面将身体砸进了沙子，像壁虎一般往沙子里蹭。估计是呼吸不畅，他翻过身子平躺在沙子里，继续往沙子里蹭。我示意妈妈帮忙用沙子把他埋住，只露张脸仰望着天空。这时孩子出现了从未有过的平静，半小时后，爸爸妈妈带他离开了学校……

长久追求成功的心态让这位妈妈在现实中很难接纳失败，这是她无法觉察到的潜在意识。就如眼前的她在诉说成功的自己的同时，用尽各种方式掩饰孩子的现状。

如她所说，孩子怎么能是这个样子？她把孩子的状态解释为自己的失败，继而无法接纳这个孩子的真实状况，这使得她在现实中选择把孩子长时间关在家里，很少出门，以此来减少自己内心的挫败感。妈妈无法接纳孩子的现状，本质上是不能接纳自己内在完整的能量。因此，在与孩子的关系中她就切断了和孩子连接的通道，从而也切断了孩子的生命营养。孩子在现实中没有更多的机会与妈妈互动。

不稳定的结构总会促使能量的变化来平衡此结构，这是一个潜在的法则。在这个家庭中，岌岌可危的夫妻关系已然成了家庭结构中最大的漏洞。当夫妻双方都不再有意愿为他们的关系努力的时候，这个家庭的结构就处在动荡不安的状态。由此所形成的家庭的场域是不安的、营养不良的、失衡的。这个场域就是被孩子所直接经验的能量。当丈夫的能量长时间地出离于这个家庭结构成为一个局外人的时候，在妻子的世界里这就是自己的失败。为了逃避这份失败，在现实中她无视丈夫的存在，也无视这个婚姻关系，所以在他们的婚姻关系上，他们彼此都是出离的状态。

这样一来，这个家庭的结构在能量上是完全分离的状态：丈夫出离家庭，妻子出离婚姻，妈妈出离与孩子的关系。从能量上孩子被抛弃了，孩子心理上失去了支持他生存的能量。当关系中的成人不能觉察这个潜在的法则，就无法左右潜在能量的运作，为了有效地平衡动荡不安的关系，孩子生命能量的潜在运作便成为补救爸爸和妈妈的关系、维系和拯救这个家庭结构的唯一动能。由于孩子自身的能量不足以拯救和平衡这个家庭的结构，为了赢得爸爸妈妈，赢得爸爸妈妈的爱，赢得家庭中这个长久以来的稳定的能量场，孩子以牺牲自我的方式加重自己的分量，以此来平衡和唤醒爸爸妈妈的回归。

这就是我眼前远道而来的一家人所呈现的能量场：夫妻为了拯救孩子而扮演着回归与合作，却根本不知道为了挽救这个家庭的孩子早已选择了自我牺牲。或许在孩子的世界，爱自己的爸爸妈妈才是无条件的。

生命的系统似乎有着超乎想象的耐心和力量总让人慢慢开启，直到有意识地面对自己的功课并完成。

随后的日子里，这对夫妻借由孩子的症状来学习如何面对他们彼此，以及他们内在长久以来无法承认和接纳的能量：自己不够好，不够优秀，不能输，不能失败，不能软弱；他们关系中的抱怨、委屈、创伤……

当妈妈逐渐开始接纳自己生命里每一个真实的能量时，爱的能力逐渐在她的生命里被唤醒，继而也降临在她和孩子的关系中。当妈妈真正意义上真实的、完整的生命开始运转时，她才能接纳和热爱孩子生命中的每一个面向，无论他是一个怎样的孩子。

当与自己生命里所有的能量和解的时候，你就触摸到了生命的完整。

当善待自己生命里所有的能量的时候，冲突就被化解。

当与自己所有的能量和面向合而为一的时候，生命与生命就会在此相遇，疗愈就此发生。

我是勇敢的，我也是懦弱的。

我是智慧的，我也是愚笨的。

我是热情的，我也是冷酷的。

我有美好的一面，也有邪恶的一面。

我有爱的能量，也有恐惧的能量。

我宏大，也渺小。

我慷慨，也吝啬。

我高贵，也卑微。

……

养育这件事，父母谁说了算？

常常有爸爸妈妈因为如何养育孩子的问题发生争执，于是就有了“养育这件事，能否一分高下？”这个话题。我从这个话题中，发现一分高下的局面实际跟养育无关，更多的是呈现了一种时代的特质和能量。

人类历史历经了四个大的阶段。第一个阶段，是以打制石器为主的旧石器时代，人类以狩猎采摘为生的原始阶段；第二个阶段，是以磨制石器为主的新石器阶段，轻型的劳动工具被发明出来，人类进行原始的畜牧和种植业，并逐渐定居下来。种植时代来到，男性女性没有明显的劳动优势。这两个阶段基本上是一个如何活下来的时代，生存的环境非常险恶，生存的恐惧特别大，找到吃的、活下去、繁衍下去，是人类群体——男性女性共同的目标。

第三个阶段，生产工具犁出现，农耕时代到来，生产力一下上升了，家里开始有了余粮，不像过去不够吃，随时可能饿肚子。社会结构因此发生了变化，两性关系也随之发生了变化，家有余粮把男性从劳动中解放了出来，男性不需要每天下地干活，有了闲暇的时间喝喝茶、聊聊天、烧个烤，坐在一起，八卦八卦。生产工具和社会资源几乎掌握在男性手中，而女性仍然需要围着锅灶，照顾孩子，依托于男性劳动带来的物质生存，因此女性并没有从繁重的家务劳动中解放出来，整个社会关系处在潜在的失衡的父权制时代。人类社会发展至此，除了第二个阶段之外，在第一阶段和第三阶段中男性和女性基于生理性差异导致被动的社会分工，食物来源和劳动力主要是由男性负责。因此，女性在第三阶段是潜藏着不满的，偶尔会抱怨——凭什么你回来就吃现成的，吃完了你屁股一拍也不收拾，扭头就出去跟朋友聊天、喝茶、上山打猎，凭什么我依然还要照顾你、伺候你，回过头来，我还是要把自己拴在家里，不能有自己的事情做。

似乎是家里有了余粮，生活富裕了，两性关系的这种斗争从原始的无意识的状态，逐渐上升到一种意识状态。

历史的车轮没有停留在农耕时代，第四个阶段工业革命时期来到了。劳动力被大大地解放了，不仅男性能够驾驭这些工具，女性也能够驾驭工具；蒸汽机发明了，你能开车，我也能开车。女性和男性不再为了生存紧紧结盟，这个时候，两性关系的斗争日益凸显，女性在前三个阶段压抑的那些能量，跟潘多拉的盒子一样暴发出来，开始明着跟男性争天下。一些典型的女权思想、作品，也在工业革命时期涌现。在这个阶段，女性很突出、很优秀，也强势，社会上涌现出不少这种特质的女性。两性的这种争夺到第四个阶段时达到了白热化的程度。

历史的车轮势不可挡，自然地划向了工业革命时期的尾声：网络信息、人工智能，或者我就把它理解成更新的一个时代的到来，意识就如同互联网一样无线连接。男性要争夺天下，就要扩张自己的事业；女性要争夺天下，就要顶半边天。斗争是有代价的，斗争的过程破坏性是非常大的，小到一个家庭，大到整个社会，这种破坏促使一批男性和女性开始反思这种斗争的模式。信息时代、人工智能时代则给了人类更多生存的空间，人类可以从事更多创造性的活动，而不是在简单地扩张和控制中去获得安全感、存在感，人们有了更多观察和反思以及尝试的机会。这样的意识把两性关系从斗争的局面拎了出来，使大家有机会探究人类还有没有其他的可能性，两性关系还有没有其他的可能性。在这种反思中，权力斗争就逐渐被认知，并有意识地走向了另一种局面——我不再斗了，我们一起去寻找出路，一起去寻找一种更为平衡的关系。

走到现在，无论哪个国家、哪种文化，人类一路走来的历程，其实都蕴藏着两性关系的演变史，也承载着人类意识进化的历程。你就带着对这个历程的观察去看，我们的身边真的是一个多元化意识的存在。多元化到什么程度呢？此时此刻，我们都身处人类的最新阶段——网络信息、人工智能时代，但是你发现，身边的人无论是在他们具体的两性关系上，还是在与别人相处的方式、生活的方式，以及养育孩子的方式上，所呈现出来的特质，却释放出不同的时代背景。

一旦你承载、呈现的是某个时代的能量，你养育孩子一定不是由你来说了算的。无论你今天读了多少书，拥有了多少财富，创造了多少社会价值，都不起作用，你所承载的时代的能量才是最本质的作用。这跟你现实的成功与否好像没有太大的关系，虽然你身处在新时代，但是你所承载的能量可能是第一个时代：人类最原始的能量状态，这种能量更多地显现出来的是人类早期对生存的那种恐惧和压力。

你会发现每个城市不一样、地方不一样、地区不一样，人的意识状态也不一样。比方说，我到一个城市去讲课，一看台下，农耕时期的特质和能量就特别浓：孩子们的爸爸整体都跟老爷一样，掌握着社会资源，生产工具；妈妈们跟随着，话语权很少，但对此有抱怨。当你看到这样的一种特质时，你就知道在家庭、在这种氛围之下孩子的状态，他一定也是在一个父权主义的能量之下成长起来的。你不能说养育这件事是爸爸做主的结果，还是妈妈做主的结果，而是这个家庭所呈现出来的两性文化特质就是那个时代的能量，这个能量是最大的养育的方式。孩子在此能量中成长，并因此也复制、形成其最初的人格雏形。

当然，我们大部分家长确实是处在社会意识的前端，是在今天这个时代里的。大家在有意识地寻找出路，一种新的时代能量也在这些家庭里呈现出来：爸爸妈妈合力，共同去把家庭经营好，把孩子养育好；他们能够关注自己的优势，也能看到自己的不足；他们在有意识地调整，或者说至少有一方在调整、在经营他们之间的两性关系；他们努力把两性关系和亲子关系进行剥离，不用亲子关系作为两性问题的挡箭牌，夫妻关系的问题，就是夫妻关系的问题，不再把孩子牵扯进来……

如何做有助于我们跟上时代的脚步呢？我先说说我自己。

在别人看来，安老师是一个懂教育的人，有人把我称为专家。我自认为我懂孩子，但是我也很挫败。为什么挫败？每次我跟儿子单独相处的时候，互动非常好，但只要他妈妈一出现，我自然成为第二选择的对象，尤其在他小的时候。这触发了我的一些思考：不是说因为你懂教育，你就能够在养育这件事上说了算，你就自然能做好一个爸爸。在6岁以前，孩子就要妈妈，从情感上妈妈能跟他有一种更好的互动，所以我就非常有意识地去做到这一点，等他妈妈一出现，我就拱手把孩子让给妈妈。

在这个关系里面，我就不会强调，可能妈妈还没我懂教育；也不会强调谁说了算、谁高明；不去较劲为什么孩子就喜欢跟妈妈黏在一起，不喜欢爸爸；不会较真为什么我是排在妈妈后面的第二个选择。在家庭的结构里面，有所谦让，有所妥协，有意识地分工合作，在关系里面学会信任，比你所持有的理念更重要。

我接触的妈妈们比较多一些，尤其是接触了新教育的这一批妈妈有一个共性——很难信任孩子的爸爸带孩子。我觉得这是需要警惕的。我不断地给这些妈妈说，一定要鼓励你的孩子勇敢地去爱他的爸爸，这很重要。

所以，我有两个建议，我觉得是有助于我们跟上时代的脚步的。

第一个，你的家庭要培养一种分享的氛围，分享家庭成员彼此的优点，有意识地看到对方身上的优势。爸爸的智慧可能不在细枝末节的事情上，不在情感的互动上，但是爸爸可能敏感和洞彻外在的世界。孩子跟自己的爸爸连接得好，就跟外在的世界有了一个很好的连接，爸爸就是“翻译”外在世界的一座桥梁，爸爸的智慧就融入了这个家庭中，参与到养育孩子的环境里来了。孩子跟妈妈在一起互动，更多的是内在的互动。妈妈跟孩子有连接的时候，孩子很细腻、很柔软、很精微，很愿意跟人、跟万物连接，这都是妈妈的优势。如果夫妻双方都能够看到彼此身上的这种优势，你的孩子在我看来就是一个内外兼修的状态，这更加趋向于一种完整的状态，对外在、对现实、对内在、对精神、对情感都能有所发展。

第二个，我们身上不是只有优点，肯定还有缺点。我们会有矛盾和冲突，会有期待和失望，当这些出现的时候，怎么办？有一个工具叫一致性的沟通。在家庭里面也好，在其他的关系里面也好，一致性的沟通会让人穿越心态，穿越那些牵扯你成长的能量，直达本质、直达人的内在，让你在关系中清清明明，彼此知道对方怎么了，这个事情如何有效地去解决。

分享优势，对缺点做一致性沟通，当我们这样互动，才能滋养到关系中的人，孩子生存的氛围就显得温良、一致而简单。我认为，这是网络信息时代养育者身上的时代特质。

我的善解人意不是你要的

有一天，同事跟她老公在一起聊天，聊彼此对对方的期待，她的老公说："我什么都不需要，就希望你能够善解人意。"

这个词从我同事的嘴里说出来的瞬间，我们听的人都挺吃惊，因为我们对这位同事几乎有一个共识——她的天性就是善解人意的。有趣的是，一个在我们看来善解人意的人，在自己的亲密关系中，却完全不被对方看见，换个角度就是对方完全体验不到她的善解人意，所以大家都很感慨。

再讲一个故事，关于一个10年前的老同事。

我们一群同事在一个办公室，有一天那位老同事跟我们讲她和老公的故事。她们家在六楼，站到阳台，就能看到小区的大门。她老公是一个准时准点下班回家的人，所以一到点，她就站阳台上看，老公从小区的大门进来了，于是她在客厅里面布好一个局：把很多纸巾抽出来揉成团，扔了一地，就算着时间，差不多老公到了单元门底下了，然后听见老公上楼的脚步声，紧接着拿出钥匙开门的声音，就在钥匙插进门锁的一瞬间，她一屁股坐到了沙发上，背对着她家的门，然后拿起纸巾抹起了眼泪。

当然，她布这个局有自己的期待。老公进来了，一看满地都是纸巾，相信也看到了她伤心的样子——拿着一张纸巾擦着眼泪，抽泣。她的老公在门口站了一会儿，其实时间可能特别短，然后换上鞋，放下包，什么话都没说，径直走到厨房，拿起笤帚和簸箕，走回客厅，把地上的纸团一个一个全部扫进簸箕，之后走到厨房归位，然后再没从厨房出来。

同事一边体会着自己七上八下的情绪，一边还仔细侧耳打探着对方在厨房里翻箱倒柜的动静。听了半天估摸着这个人在厨房找了一根葱，再一层一层把皮剥掉，然后像模像样洗了洗，拿出刀开始切。

切葱的声音嗒、嗒、嗒，然后声音越来越大，越来越急。同事说，那一刻，她自己拿着最后一团纸，绝望地扔到垃圾桶，然后走进厨房，看着她老公，说："把刀给我。"

她老公看着她，她又说了一遍："把刀给我。"

她老公很警觉地把刀递给她，然后就从厨房里面溜走了。

那一刻，她说："我的心彻彻底底绝望了，我才体验到了什么叫绝望。"

她描述完，我们都特吃惊，问她到底为什么布了这么一个局？

她说："我就想让他关注我一下。"

她的目的只是想让老公关注一下她的情绪。她可能遇到一个不高兴的事情，设想老公进来看到她已经哭得这么厉害了，局面这么惨烈，应该立马放下包，跑到她的身边，一把把她搂到怀里，说："亲爱的，发生什么事情了？"她需要这种被安慰的感觉。

结果希望多大，失望就有多大。

我就问："你对他有这么清晰的需求，为什么不直截了当地告诉他呢？”

她瞪着眼说：“直截了当地告诉他，那还叫浪漫吗？他就应该浪漫呀！”

听完之后我们都放声大笑。

这就是同事家里的点点滴滴，这些场景很真实。

一个是女主人，一个是男主人，你从这两个故事里面能够发现，确实每一个人对两性关系中对方期待的“善解人意”的理解完全不同。每个人体验到对方的善解人意都有点差强人意，好像永远不对，所以会感觉善解人意的对象都是别人家的，跟自己没什么关系。

这样的一种理想的状态，或者说一种浪漫的状态，到底存在不存在？善解人意，到底有什么样的途径能够去触摸得到？对方这样做，他认为已经很善解人意了，但是你体验到的可能是一肚子的委屈，或者说满脑门子都是愤怒，这就根本对不上。

我们从两性最基本的生理特质来看男性和女性之间的差别，再去理解这种“对不上”。

男性的生理性激素最突出的是睾丸素。这个激素形成了两种最突出的能量：第一种能量是攻击性，第二种能量是交配（弗洛伊德提出的“力比多”）。这是最原始的两种能量。凡是雄性哺乳动物，肚子吃饱后，基本上就干两件事：一件是出去打架，圈地盘，占领地；另一件是繁衍后代，交配。

这两种能量在生理层面很大程度上左右着男性，不仅仅是人类，地球上大部分雄性物种都是这样。所以女性朋友一定要非常清楚地知道对面的男性，他的生理性特质决定了他的关注点：男性要征服外在的世界，要圈地盘，地盘越大，他的自我存在感就越强，这是男性的事业心。所以追求事业并不是女性简单地理解的没有感情、逃离家庭，或者说对孩子的教育不负责任，等等。

事业心不是一个借口。一个男性说“事业对我很重要”的时候，这是在表明身份、性别。在我看来“以事业为重”是一种自我识别性别或者说自我宣布性别的口号——男性以事业来发展和成长自己，只是男性的一个特质。所以当你眼前的男性说他的事业对他很重要时，别质疑他或质疑他的事业心，否则就等于在质疑他是不是一个男性。

关于第二种交配的能量。对于雄性的性本性来讲，这是非常重要的，也是他的生理性特质，所以雄性的敏感点不在于感觉、情绪、心理上的活动。

这两种能量任何一种能量被堵上，就会出问题，所以这是女性必须清晰地认知到的。从生理的属性上，女性要认知到跟自己生活在一起的男性，他的最本能的状态是什么，继而理解他们在进化的历程中所面临的来自自身性能量的驱使。

回过头再看女性。女性的生理性激素也有很多，但是能量最突出的激素叫“催产素”。催产素是在孕育生命、在生产的过程中分泌出来的一种能量非常强的激素。催产性激素的释放使女性拥有了母性的能量，所以女性天然跟婴儿有连接的愿望，关爱孩子，有照顾那些孩子的意愿。不同于男性攻击性的能量，这种能量细腻、柔和，使得女性天然地有与人连接的需求，因为在这种连接中，她的情绪、情感得到表达和释放。她也要透过情绪和情感的互动和表达，来体验自己、发展自己。

所以你就不难理解为什么所有的女性，无论大小，哪怕她活到60岁、70岁，当有一个特殊的日子，你给她一束非常漂亮的鲜花时，她都会笑开了花。这并不是男人所能理解的，所以男性会选择送颈椎按摩仪，只因为实用。有的女士却管这种男性叫“直男”。因为女性要感受的、想要体验的，不是送的这些东西本身的实用性，但这恰恰是男人呈现出来的那种善解人意！女性感受到的是什么？一定是这个礼物带来的感觉。浪漫的、被关心、被看见的这种感觉对她很重要，她通过这样的一种关系互动来体验对方是否具有善解人意的能力。

观察两性，从生理性的能量来讲，似乎不在一个空间。

再回到前面的两个故事中，我们来看，基于不同的生理性特质，你希望在关系里面跟对方在同一个频道，说话的时候能够碰撞上，做事情的时候彼此能见面，就必须有两个基础：一个是对对方各个维度的了解，一个是对自己的了解。有了这两个了解，你才能够知道如何让对方清晰你是谁；同时在这个关系中，你也能够清晰地知道对方是谁。你才有机会将双方的这种善解人意，放在同一个空间里。否则你们都在自己的生理性特质中说着自己的话，就对不上。

具体一些，比如第一个故事中，男主人对女主人说：“我只需要你能够善解人意。”我们聊天的时候，我就问同事：“你知道你老公表达‘就希望你能够善解人意’指的是什么吗？”

我同事说出来的，跟我理解的是不一样的。

我说：“从我作为男性的角度来说，你老公期望的你对他善解人意，是能够看到他辛辛苦苦在外面打下一片天，在外面忙事业很辛苦。似乎你没有看到他的辛苦。他也没法理解你对他的期待，或者你在这种关系的互动上，情感交流的需要。”

所以男性的内在都有一个女主人是善解人意的，但女主人本身不了解。原因是男主人根本不知道对面坐的是一个女性，没有看到女性的生理性特质，他把你放在男性频道在看；同时女性也没有看到，跟自己面对面的他作为男性的生理性特质，没有看到他背后的性能量以及这份能量背后男性的生活重心和关注点。

两性关系里面彼此所需要的那种善解人意，从生理性特质来说就是不同的。关系出现问题，不要简简单单地只看到眼前的绝望，眼前各种各样的剧情，眼前期望的幸福、浪漫。

善解人意，从善开始，善待对方的生理性特质，善待对方的生理性需求，让我们把这个关系慢慢地走下去。

把意识放进和父辈的关系中

我在和自己的母亲的关系中，走过了三个阶段。

第一个阶段是成家的时候。我跟父母住的不是一个小区，但也不远。我有一个习惯，几乎每天晚上一个人或者跟妻子一起去父母家坐一坐。每次去的时候我在父母家把晚饭吃了，帮着收拾完，总会坐下来聊聊天、说说话。无论说什么话题，说着说着，我就会非常自然地切换到母亲的频道，但当时我自己实际上并没有意识到这一点。我母亲经常会在我跟前说她过往的一些事。她的这些事，大概跟大家的母亲的故事都差不多，无外乎过往苦难的几十年，车轱辘话滚来滚去，转来转去。说得情到深处她就会鼻涕一把，眼泪一把，老泪纵横。现在回头想那些故事，我能倒背如流。

时间就这么一天天过去。有一天，从父母家里回到我家后，我跟妻子两个人坐着，她突然就说了这么一句话："我发现每次你去父母家，去的时候都是高高兴兴的，回来的时候情绪都可不好了。"她说完这句话，我真的是吃了一惊！原因是我从来没有这么感觉过，从来没有这么想过，也没有这么思考过，我在和父母相处的关系里面纯粹是一种无意识的状态。吃惊的原因还有一点点是里面有一个微妙的能量，好像觉得这个真相被人一下给捅破了，有点不大愿意接纳。我的第一个契机就这么出现了。从这个事情之后，我进入到第二个阶段。

第二个阶段的历程比较长，好多年。在第二个阶段时，我心里会去感受和观察这些事情，但是时而无意识，时而有意识。这是一个经历这件事情的完整的心理过程，是一个整理的状态，整理自己，整理和观察与父母的关系，尤其是我突然意识到的纠缠得比较深的我和母亲的关系。过去我不承认这些事，自认为在和父母的关系里面，我和母亲的关系就是非常亲近。所以在第二个阶段，我从之前的无意识状态不断地去体验：跟我母亲聊完之后，我的情绪很不好，临出门时，我会使劲瞪我父亲一眼，看着他就挺来气的。慢慢地，我就有意识了。

在这个过程中，我也进行了不少学习，一些课程给了我不同的铺垫，让我一点一点认知和洞彻这个问题的能量和层级。火候不到的时候，只是在经历。在整个历程中，我记得在两个课程上自己有了质的转化。在其中一个课堂上的时候，我觉得自己的功课也该到了，我非常虔诚地、非常臣服于那个课堂，认认真真把跟父母的关系画了一张图，不像之前的一些课堂经历，听不下去的时候还翘课。结果那个关系图画出来之后，我自己一看，一目了然，我跟母亲的关系其实挺糟糕的，但在此之前的几十年里，我都认为我跟母亲的关系特别好。而我跟父亲的关系在这张图上却显得非常好，而不是之前我认为的那样糟糕。那一刻，我非常感慨。尤其画到我跟父亲的关系时，那一瞬间，过往的画面就浮现在我的大脑里——毫不夸张地说，父亲只要一闲下来就带着我去做的那些游戏，就好像画面一样，在那一刻一幅一幅展开。而这些画面在很长一段时间里，都被我当成成长中的空白，我不知道为什么。但在那一刻，我整合了这些课程带给我的沉淀和所有这些历程，我发现可能在我的原生家庭里，我多少站在了父亲的角色上。我的父亲是一个警察，平时工作很忙，所以照顾母亲的情感和心理上的需求可能会匮乏一些，而我又是家里的老大，这个秩序很简单，我有替代父亲的嫌疑在里边。这个课程给我最大的收获就在于此。

紧接着又过了几年，我上了一个六天的课程，这个课程的内容似乎在将我内在意识到的碎片整合成为系统，也可能是更好地让我在那六天里得到了休息。结果老师给一个学员做个案的时候，突然就做到了跟母亲的关系连得非常深的这样一个个案。那个个案不仅仅是给学员做的，同时也是给我做的。做完之后我一下就明白了我自己执着其中的状态，为什么我容易去背负自己的原生家庭，容易去自大地照顾父母，等等。个案一结束，我自己就走出课堂，拿上自己的手机给我的母亲打了一个电话。我说："妈，从现在开始，你的事情，你的生活，你和我爸爸在生活中发生磕磕绊绊的这些事情，我再也不插手了，你的生活完全由你们来做主。我突然意识到这么多年我很自大，不断想拯救你们，安排你们的生活。"我妈在那一头听完后放声大笑。"你早就应该这样。"她挺喜悦地说，"之所以我们都听你的，是觉得不想让你受挫。"电话放下，我觉得关系一下自由了，我觉得我妈在那一头特轻松，我也特轻松。

课程结束回家后，我父母家里发生了翻天覆地的变化。之前房子里那一套套家具都是我给买的，当时专门跑去广东佛山的乐从镇买的我认为最好的家具。回去之后，所有的家具全部换掉了。送人的送人，扔的扔，买了一套他们喜欢，但在我看来一点都不好的家具。我心里面，说实话特别心疼，但最后我真心地接纳了。这是我的第二个历程。

此后，我觉得跟父母的关系发生了完全不一样的变化，我自然进入第三个历程中。生活还是生活，故事还是那些故事，晚上要有时间到父母家里去，总要坐一坐，依然是那些话题。无论说什么，说着说着自然就切换到母亲的主题上，一会儿抱怨这个，一会儿抱怨那个，各种各样的话题，车轱辘来回转。不一样的是我不一样了，我不再像以前被动地去听，听完之后，情绪不好再顺着那股子能量瞪一眼我爸。

我不一样的是，吃完饭之后，我就坐下来跟我妈说："妈，我在这儿坐一小时就回家，在这一小时里面，你聊聊你过去的事情。"

我妈就直截了当地开始她过往苦难的故事。这是第一次。她就聊啊聊……

我一直听，听的时候内在一丁点的起伏都没有，心里面非常平静。我觉得我们的关系不一样了， 我能从自身抽离出来一个观者、一双眼睛，来观察我和我妈之间的关系。当下聊的过程，我妈一边说我一边听，还有一个我在观察。这个过程微妙极了。情到深处的时候，我妈依然鼻涕一把，眼泪一把，当她的情绪出来，我的纸早都准备好了给她递过去。

聊完了，我说："还有一件事情你没聊。"

她接着又把那个事情说完，慢慢情绪就过去了，平稳下来。

我说："妈，你还有什么想说的吗？"

我妈说："没了。"

我说："好，那我就回家了。"

她基本上还沉浸在自己的故事里，但是很平静。这个时候我就起身回家。

临走的时候跟以前也不一样，我说："爸，我走了。"

我爸挺吃惊，以前走的时候都是挺仇恨地瞪他一眼，这次我跟我爸非常友善地打了一个招呼，走了。

再一次还是这样，忙完所有的事情，我跟我妈聊。

我说："妈，再跟我聊聊你过往的事情。"

这个时候特别神奇，我妈突然说："你回吧。"

我说："你聊聊，我现在就想坐着听你说说你过往的事情。"

我妈就忍不住又开始说，说着说着，刚说到中间，她突然停下来，特别清晰地对我说："你回吧，不想跟你说了。"

我再一次跟她核实，我说："你真不想说？"

我妈说："真不想跟你说，赶紧回！"有点把我推出去的感觉。

我说："那我就回了。"

临走我跟爸依然非常友好地打了一个招呼道别，就回家了。

到第三次的时候就更神奇，饭吃完之后帮着收拾完，我就坐下来。

刚一坐下来，我说："妈……"

我妈立马说："你赶紧给我回，我也不想跟你说我的事情。"

我说："你为啥不想跟我聊这些事情？"

我妈说："这是我自己的事情，我为啥要跟你聊！"

我妈就跟大家的妈一样，抱怨的话、指责的话、个人的委屈、受的苦等，她都会找一个非常信任的子女一直说。但是我突然发现在这个关系里面，如果两个人都是一种无意识的状态，话题可能就是一个永久的话题，关系可能就是一种裹挟的关系，可能会永久地、固定地一直重复下去。所以，我说，你妈不抱怨你，那是你妈吗？

但是，如果在这个关系里面，有一个人突然发现或者被提醒，关系就会发生变化。我就是被点醒了。历经很多年，直到我开始变得有意识地在这个关系里去做事情，我就觉得这不再是一个负担，而且每次我走的时候充满了感动。

谁说老人没有机会，没有希望？我觉得依然有！只要在他身边有这样一个有意识的人，这个人他自己变了，他自己变得有意识了，关系就会变化。太神奇了！这让我很感慨。

我妈特别生气，说："这是我自己的事情，不想跟你讲。"

我想，这才几次，不到三次就不让子女再负责，就开始自我负责了。

这个关系上升到一个更自由的空间。自此之后，我觉得突然跟父母亲近了很多，也放松了很多，更多的是我从心里面放下他们的生活，他们的关系中发生的各种各样的事情。哪怕我很忙的时候，甚至一两个月或者两三个月都见不着，就打个电话问问，也会感觉到他们生活得非常安逸，非常平静。

我们与父母的关系，或者说在原生家庭中，大家各有各的故事，但模式都是相似的。从某种程度上来说，我们跟自己的父母就是以那样一种方式在连接着，哪怕那种方式是无意识的，那也是我们跟父母连接的一种通道。但如果你开始变得有意识，你觉得原来我还可以有另外的一种活法，或者说有另外的一种跟父母相处的态度，你开始试着在这个关系里有知、有觉地跟他们相处，你就会发现与父母的关系其实只是一份爱的流动。

爱一定不是一个沉重的负担。我们在小的时候需要爸爸妈妈的爱，爱是相互的、是流动的，他们也需要身边的人爱他们。当我们自己在关系中变得有意识，这份关系就会变得简单、轻松，你不是在背负什么，不需要去解决什么或是改变什么。一旦这样互动起来，这一份情感的流动是非常自然的，那份关系也就回到各自的位置上了，你就是他们的孩子，他们就是你的爸爸妈妈，至于他们什么样的关系由他们来完成，我们不要过多干涉。当跟父母之间真的这样流动起来，爱是非常轻松的。这一份轻松的爱，可以超越责任，超越我们在现实里面的某些价值观，反而更能承载儿女对父母那种最本质的情感。

小剧场

瞧这一家子（五）

在关系中母亲和孩子很容易陷入情绪和情感的纠葛中，当关系的界限不那么清明，情绪又纠缠其中，理性的智慧就难以成长。

这一天，妈妈和孩子再次陷入这种纠葛，而孩子的妈妈已经开始烦乱地说：“子健，你不可以这样。”

这种烦乱的情绪使得孩子想要更多地突破和试探妈妈的底线，反而用行为故意地去强调这种纠葛。

这一次，我决定介入。

“子健，你不可以这样对待我的妻子。”

孩子正处在与妈妈情绪的纠缠中，我的话像是他情绪的突破口。

他恼怒地说：“她是我的妻子！”

我能感受到，在这句话后面，孩子并不是自我意识的表达，而是一个能量的对抗，他要与我对抗。

我决定让他看到真相，于是平静地起身从房里拿出我和他妈妈的结婚证，放在他面前。

“这是我和你妈妈的结婚证。”

孩子拿起来，翻过来调过去，认真地看着。对抗的能量在消散，理性开始上升。

我继续说："两个相爱的人结婚，是要透过法律程序去领到一个结婚证的。"

妈妈补充说："我和爸爸一人一本。这样才可以称为'夫妻'。"

看得出来，孩子对结婚证和结婚开始有了概念。

然后我说："请问，你有吗？"

那一刻，孩子对抗的能量已经彻底消散。

他腼腆地说："我没有。"

最后，我有意识地、确定地对他说："现在你明白了吗？以后不可以这样对待我的妻子，否则我就对你不客气了。你听清楚了没？"

孩子也确定地回答我："清楚了。"没有委屈，也没有压抑，清清明明。

在那一刻，家庭的秩序发生着微妙的变化，孩子对于爸爸和妈妈的关系清晰了，他开始归位自己的位置，和妈妈的关系也因此清晰了。家庭的正常秩序上升到了每一个家庭成员的理性世界里。

做了这么多年的教育，如果说让我给每个家庭分享什么是最重要的，我觉得还是界限——关系中的界限。没有界限，没有对界限的尊重，很难产生真正意义的爱。换个角度说就是，只有界限才能产生真正意义的爱。

——子健爸爸

6

第六章

规则的力量

规则绝不单是给孩子制定的。规则是在一个环境中的全体人员共同遵守的具体规定。对于儿童来说，规则把成人的强权、暴力挡在了外面；对于成人来说，规则意味着我们要有意识地觉察我们的举止、态度和行为模式。

而规则意识创造了平等，将文明推向了一个新的里程，一种新的生活方式。

谈论规则，从观察意识开始

是意识在推动事件发展的方向

2005年，“非典”刚过的第二年。我母亲带着我的小外甥从银川回老家，我和小妹送他们去车站坐大巴。大家在站口排着队。那是一条只能站一个人的通道，我在前面排着，我小妹在我的后面，我妈抱着小外甥在最后，我前面还排了很多的人。

大家都是经过这个通道之后直接上车买票。我前面的一帮年轻人以及我和我妹都进了站，我走到大巴车的跟前回头一看，我妈没进来。

我问小妹：“妈呢？”

她也很诧异，我俩扭头又往外跑。跑回来看见我妈被两个女售票员挡在进人的小通道那儿。

我问：“为什么不让他们进？”

售票员说：“在这儿买票。”

我继续问：“前面的一帮人都进去了，你只挡住这位老人不让进？”

她们没回应这个问题，说：“反正不让进，必须得在这儿买票。”

我说："我只想知道，如果说规定在这儿买票的话，为什么我们前面的人都进了，也没让我们在这里买？为什么你们看见老人带着小孩，你就挡住了，要让他们在这个通道口买票？能给我解释清楚吗？"

她们不解释。

我说："你们不解释，就把这个闸打开，让她们进来，我也就不跟你们计较这个事情。要不然我今天就要追究这个事情。"

当时我的状态真的是年轻气盛，再加上两位售票员的态度比较跋扈，一下激起了我的斗志。

进站口人来人往，你推我搡，售票员突然推了我妈一把，没推到，结果推到2岁的小外甥头上。我的火一下蹿了上来，跟她们发生了更大的冲突……

我一直不妥协，直到车站站长来到办公室了解原委，我依旧说："必须道歉，要不然这个事情我会追究到底。"

这是十几年前的一桩往事，这个事件让我有了一次深刻的体验：对规则、对权威，不同的人有不同的反应，在不同的关系里面都会呈现不同的状态——人性的部分赤裸裸地在这样一个具体的事件中呈现出来。

在周围的人看来，这个小伙子闹腾了一番，门口的两个售票员给换掉了，不在门口的岗位上值守了，派出所所长、车站的站长也向我道歉了。但在这个过程中，我个人是有创伤的，而且那个创伤还很大。

我之前所理解的规则也好，公平、正义也好，以及对待老人和孩子所应有的态度或是公序良俗，在这个事件里被赤裸裸地打垮了。

这个事件之后很长的一段时间里我都在思考，我发现，在这样具体的事件里面，不同的人确实有着完全不同的意识状态。而这个发现也给了我一个礼物，是我在未来的时光中慢慢觉察到、了悟到、更多地体验到的：我警觉那些事件的参与者——无论是别人还是自己——他们的背后所呈现出的不同意识。

当我开始慢慢观察，我就发现是不同的意识最后决定了事件的发展方向。不同的人背后的意识状态叠加在一起，是事件发展方向上的动因。

今天，当我们去谈规则时也是一样，我邀请大家有意识地去观察事件背后存在的不同的意识；去发现每一个人的行为、语言背后不同的意识状态。最终，你会发现，在关系中、在不同的事件中，规则本身的意义，才能更深刻地看见和理解规则意识对一个事件、一个个体、一个群体的重要性。

意识是可以改变的

意识能不能改变？我很长一段时间都在思考这个问题。

一晃15年过去了。我已经很久没有去过车站了，但我知道的是，早在几年前，这种基于人的状态所产生的管理漏洞已经完全改变了。入口处、安检处已经全部电子化。许多东西在现实层面已经发生了改变，你去公共车站，不用再看售票员的脸色，你可以自主把握上车和落座的节奏；在电梯间里，没有人替代你的举手之劳的同时，也没有人上下打量、指导你……考验人性的关口越来越少，依托不同的意识去把握的局面越来越少。所以，答案是肯定的，意识是可以改变的。或者说，这种智能化替代人工的改变本身就是意识改变的产物。

再看看另外的一个现象——成人和儿童之间的关系。10年前、20年前成人对待孩子的模式或态度，跟现在的成人对待孩子的态度是完全不一样的。10年前、20年前，在我生活的地方，如果听到对儿童说话的时候前面加了一个“请”字，就可以百分百判定，这是我们学校的老师或者家长。而今天，你会听到跟孩子在交流沟通、相处的模式上，全社会已经发生了一个很大的变化。

所以，意识一定是可以改变的，并不是生来如此的。我们会本能地去追随进化的步伐、成长的步伐，让自己的意识状态能够往前走。我觉得这恰好是作为一个人存在的意义。

从一个人个人的成长到一个社会的进化，是可以看到这种意识的变化的。这给了我们很大的信心。

被“代价”唤醒的规则意识

两个城市，兰州和杭州。早些年我去兰州，站在兰州大学的门口过马路。那条马路真的很难过去。马路宽，车流量大，车辆在路上来回穿梭的速度非常快，尤其是出租车，没有一丁点要让行人的意识。大家都在抢机会，似乎谁比较横，谁的胆子比较大，谁的心理素质比较好，才能过得去。当时听本地人说，兰州大学校门口的交通事故率是非常高的。

而我第一次到杭州时，打了辆车，在右转弯的时候，司机突然停了下来。他看着两侧的行人来来回回走完，确定没人的时候才继续前行。这让当时的我很震惊。那时我走过许多地方，从来没有这样的体验。

我问：“你为什么停下让行人？”

司机师傅就说：“这是我们杭州的特色。如果你不停下来礼让的话，一次扣你3分，罚200块钱。”

我头一次听说这个规则，杭州这个城市也因此给我留下了比较好的第一印象。你在车上，或者你作为一个行人过马路，车会停下礼让行人，这就会让你觉得这个城市整体的文明状态跟全国是不一样的。

过了很多年，全国一夜之间，包括我生活的城市银川，突然都有了车让行人的规则，身边很多朋友都会说：“今天又被罚了，又被扣分了……”也有很多朋友说：“×条路的×两个红绿灯、人行道是时时刻刻都在拍，你们要注意。”也有人听完后，本能地说：“不行我们走另外一条路……”

你会思考，为什么不走那条路，要改一条？如果在那条管得很严的街上，见了行人停下来，等他们走完了再走，遵守这个规则，会发生什么？ 这好像是一个旧的意识在被取代过程中的挣扎。这样的状态在现实中会产生代价，这个代价就是你不遵守？可以，那就认罚。罚得多了，新的意识就被唤醒了，无非如此。

所以，我常常觉得，我们内在的那个新的意识之所以没有醒来，是在现实中的代价有点小。大家都感受到那个代价时，意识就会很快跟上。所以，放到一个更大的空间去看，一个社会的进步往往是在触摸到惨痛的代价之后，才发生的。

在现实中，你开车不礼让行人就会被罚，这种罚是实实在在的。这种实实在在正让你的内在完成一个心理历程，直到有一天你被罚得受不了，你开着车，一见到行人就会停下来，这个规则也就内化到了你的生命里。这是一个漫长的历程。

帮助孩子建立规则，这么多年来，一直是养育者疑惑非常多的热点话题；而规则意识落到现实的养育中也一直是一个难题。在我看来有一个很重要的因素就是，大家无法及时触摸到代价，但这并不意味着养育的历程中没有规则意识是没有代价的。

恰恰相反，那个代价很大。代价是什么？就是孩子的成长，孩子的生命状态。有果必有因，当我们在源头、在养育过程中没有带着规则意识陪伴孩子成长时，在孩子逐渐社会化的过程中，许许多多的问题就会慢慢浮现出来，他必须归属于社会，归属到不同的关系中。如果没有规则意识，没有规则意识所形成的界限感，孩子之后的功课就会到来，这个功课甚至会陪伴一生，这就是代价。

爱孩子就要帮助孩子建立规则

在一家普通医院的儿科，我带着2岁半的儿子去看病。和任何一家医院的场面类似，孩子们由爸爸妈妈、爷爷奶奶陪着；也和任何一个儿科里见到的情景类似，孩子们正在承受着比病痛更可怕的恐惧。

在一个孩子输液的两小时里，他的父亲又是威胁又是责骂，为的是让他乖乖地坚持把液输完；另一个孩子将手放在桌面上，等待着护士把针头扎进血管里，在妈妈的强制下，她选择了服从，一动也不敢动，哪怕扎针时神经的正常反应也一并压制了下去；还有一个孩子，外婆和妈妈交替拿好吃的诱哄，用语言和神情恐吓，孩子欲哭又止……一片混乱。

你会看到，一到打针输液的时候，父母们便不假思索地把孩子置于对立面，各种暴力先于病痛纷至沓来，以致压抑了孩子最基本的情绪和生理反应，更不要说给到孩子空间去观察、去体验、去认识这个原本是帮助他走出病情的环境。

身置混乱的场面，我觉察到自己也有些焦虑与不安，接着觉察到对疾病的恐惧，觉察到我们遇到问题就想立刻寻找方法摆脱问题，而不试图去了解和面对问题本身。

孩子病了要输液，孩子输液时有痛的反应，尊重孩子生病，尊重孩子输液，尊重孩子的反应。这个启示一下把我从这个混沌无序的瞬间带离出来，我完全地臣服于这种秩序，等待着。

儿子一进医院就哭了起来，三天扎针的经历，让他在梦里也念叨着不打针，不断地说着“害怕，害怕”。排队等待输液的一小时，对他来说真是一场煎熬。我告诉他：“爸爸知道你非常害怕，爸爸会陪着你，我和你在一起。”

他把头靠在我的胸口，蹭来蹭去，以此缓解他的情绪，不一会儿，他睡着了。

一小时后，轮到儿子输液了，他专注地看着护士把针扎进脚背上的血管里，连手上的棒棒糖掉了都不知道，出奇地安静。针进入皮肤的一瞬间，他抖动了一下，顺利地开始输液。

我在学校里看到孩子们打预防针时的情景也是这样，他们不会转过头让大夫扎针，而是要亲眼看着大夫怎么把针扎进去。

打针肯定会疼，这个基本的生理反应是所有人的，无论大人还是孩子。但是，没有了打针之外的恐吓、诱哄、威胁，没有了成人那种无法接纳的、焦虑的情绪氛围，有的是面对事件时来自父母、老师、医生的爱和支持，孩子就不会偏离事件本身，不会因此形成生理疾病之外的其他的心理障碍。事实就是这样，一旦孩子处在爱的环境中，就能客观地观察事件。

打针过程中成人用各种做法压制孩子正常的反应，这是一种伤害，会导致孩子对这件事情本身产生不必要的障碍。当成人有爱，讲规则，打针对孩子的伤害就会大大减少，毕竟疼只是身体本身的一种反应。在这个过程中，孩子感受到的是：我生病了，我需要打针，打针那一瞬间我是有疼痛的反应。

教育中为什么要讲规则？规则绝不单是给孩子制定的。规则是在一个环境中的全体人员共同遵守的具体规定。对于儿童来说，规则把成人的强权、暴力挡在了外面；对于成人来说，规则意味着我们要有意识地觉察我们的举止、态度和行为模式。你是否能觉察到，打针本是为了帮助孩子解决健康问题？是否觉察到基于你自己内在的恐惧，正在强制和训练孩子服从，将孩子置于恐惧和混乱中？如果你毫无觉察，此刻你的世界就正在远离爱，远离自由。但即便你都没有觉察到，你是否有这样一个规则意识：不可以暴力对待他人，包括你的孩子？一旦没有了规则，伤害就立刻产生了。

对孩子来说，爱和规则就意味着减少伤害。

不为儿童建立规则就是暴力

西餐厅里，6岁左右的男孩翻越自己的沙发靠背踩在与邻桌之间的隔断上，一旁的妈妈见儿子爬上隔断就轻描淡写地说："儿子，你下来嘛，这样不好，很危险。"对于孩子的举动，妈妈只是说说，而且更像是说给周围的人听。她正在用餐，兴趣完全在与朋友的闲聊上，孩子对她的话充耳不闻。由于两桌之间的隔断比较宽，男孩索性躺在上面滚来滚去，妈妈对这一切视而不见。

工作人员走过去提示男孩不可以趴在隔断上，男孩听后下来回到自己的位置。等工作人员离开后，男孩又翻越靠背躺在隔断上，他的妈妈用同样的腔调和语言说了一遍，最后说"阿姨会说你的"。男孩对妈妈的语言没有丝毫回应，继续躺在隔断上，沉醉在自己的游戏里。有工作人员靠近时他就下来回到沙发上，工作人员离开他又翻了过去……

就这样来来回回，男孩的行为伴随着整个用餐的过程，直到他们离开餐厅。

这样的情景生活中频频发生，这位妈妈的态度决定了孩子的意识。孩子行为背后的心理恰恰与妈妈对孩子行为的漠然和无所谓的态度巧妙暗合，形成一种暧昧又黏稠的场域。对孩子的成长来讲，这种场域是危险的。它等于告诉了男孩可以挑战公共秩序，可以不计后果违反规则，可以侥幸地游戏人生，可以理所当然地打搅他人，可以不尊重秩序，可以肆意破坏他人和环境的界限。

要为孩子建立规则。在此餐厅，孩子的翻越行为打搅了他人用餐，也破坏了餐厅的文化和氛围，还有潜在的危险，监护人有责任制止孩子的行为，告诉孩子不可以翻越靠背趴在隔断上游戏。孩子反复翻越靠背就是无视和挑战规则，妈妈需要坚定而温和地面对孩子，尊重并执行规则。当孩子有情绪反应的时候，不用焦虑，带着意识陪伴孩子，允许孩子有情绪的反应，告诉孩子“妈妈爱你，但你不可以翻越靠背趴在隔断上游戏”。如果孩子在公共场合哭闹，需要将孩子带离至安静的区域，陪伴孩子使其情绪释放，让孩子透过情绪的表达调整自己，逐渐走向心理对规则的接纳，从而尊重规则、尊重他人和环境。让孩子在生活中反复体验、经历，最终形成规则意识，拥有规则精神，这是一个母亲对孩子应有的爱。

家长不为孩子建立规则就是暴力。孩子在此事件中形成可以不尊重餐厅规则的经验，并将此经验合理化后纳入自己的生命系统里，成为他生命的一部分，并延伸到他以后的生活中。对这个孩子来说，由于他对人、对环境的无界限感以及自己不尊重规则的合理化心理，导致他在社会化的历程中，这部分经验在社会环境中会被不断地撞击和打磨，以此来敦促他完成建立规则意识的功课。而这一历程则是这个孩子在社会环境中被动地重新建构自己生命系统的历程，这种撞击和打磨的过程是需要付出代价的，或者说，这一历程本身就是代价。

客观讲，我根本不关注这个孩子趴在隔断上会出什么危险，我担心的是这个男孩就这么长大。镜头拉回到西餐厅的场景，只需要妈妈陪伴孩子共同体验规则，认知规则，在规则中生活，最终内化规则，就可以形成一个自然的养育和成长的过程。儿童不能在自然的成长中形成规则意识，那必将在社会环境中重新学习如何与他人相处，如何尊重环境，如何为自己负责。这种更新的代价就是在解决这些基本的界限和尊重的问题上，在社会公共约定的问题上，他可能需要支付一生的时间成本。

养育者参与和陪伴孩子成长的过程，亦是孩子经验养育者的历程。在整个社会强调儿童成长环境的时候，人的状态才是儿童成长环节中最重要的环境，也是最容易被忽略的环境。

养育者，不仅仅头脑要知道，还要在生活中去做到。

在儿科替孩子排队挂号，当前面还有两个人时，一位妈妈从后面走来直接挤到了队伍的最前面。我拍了拍她，说："你忘记了什么？"

"我在挂号。"

"我们都在挂号，请排队。"

"我的孩子病了。"

"你这是在博取同情，在这里的人都是给孩子挂号的。你晚两个人并不会影响孩子的健康。如果你特别着急，可以挂急诊。但你在这儿随意插队就是不尊重规则，也不尊重我们，当然也会影响你孩子的心理健康。你的孩子就在旁边看着你的所作所为。"

她愣了一下，唠叨我是干什么的。

我说："我是做什么的根本不重要，我也是在给孩子排队挂号。我可以让你，但是我让你是对这个规则的不尊重，从根本上也没有帮到你。你自己来选择。"

片刻后，她回到了队伍后面。

我并不想引起争吵，但我无法做到对眼前的这个人在众目睽睽之下肆意地破坏规则视而不见，所以我选择维护规则。我尊重和使用规则，就很确定而有力。

学校曾经发生过一件事，有校外父母隔墙把孩子从外面放进学校来，让孩子在院子里玩。当他们再次这么做时，我赶到了现场。我告诉他们，你用这样的方式，实际上正在给你的孩子建构一个品质：别人的家门是随便可以进的，别人的东西是随便可以拿的。那对父母非常尴尬，无言以对。我让他们从正门进来接走孩子，用正确的方式告诉孩子正确的方法。从此以后，这样的情况没有再发生。

这就是规则，一旦成人破坏了规则，让孩子形成了经验，他就会自然而然地按照经验去做：随意插队，随意进别人的家门，随意拿别人的东西。我并不是为了解决问题而和父母讲规则，而是我清楚地知道，这样的行为对孩子意味着什么，对做事的成人意味着什么，所以执行规则时非常坦荡。这样规则才能回归它本来的位置，才能客观中正。

你对规则的理解是什么样的，孩子吸收的就是什么。你对规则的理解停留在用规则去解决孩子的问题，甚至管理孩子，这时规则就是一种工具，而工具和生命永远是分离的状态。规则不融入你的生命，那么它也不会融入孩子的生活；直到你和规则精神融为一体时，你才能真正感染和帮助别人。

规则不是工具，我们借由规则发展和建构与社会互动的通道和界限。规则是意识、是秩序、是教育的长远目标。规则是透过生活逐渐走向内化的一个历程。

一旦有了这样的意识并将其内化，你所显现出来的能量就是规则精神，你就能在生活中、在具体的事件中直接帮助孩子触摸到规则意识和规则精神；你会从本质上支持到孩子的成长——支持孩子的成长就是爱。在这个历程中，你和孩子将有机会体验到规则精神所带来的宏大的力量。

自由还是规则，你心中有两个声音吗?

自由和规则是一体两面

许多家长意识到了自由对孩子的重要性，也有许许多多家长意识到帮助孩子建立规则有多么重要。于是现实生活就出现了一个比较凸显的现象，即在人们的内心中，自由和规则仿佛两个声音，在内在冲突和矛盾着，似乎需要去抉择。

比如：疫情期间，口罩戴还是不戴的问题，似乎戴与不戴就是代表自由和规则的两个选项；在小区的绿化带，有孩子爬上了园林树，工作人员过来提醒，可孩子需要自由攀爬，目前似乎也没有伤害到树木和环境，那么小区里面的树到底可不可以爬？还有垃圾分类，刚开始的时候各个城市的各大小区都风风火火地开展垃圾分类，还安置了不少社区工作人员去垃圾桶旁监督，家长也对孩子进行垃圾分类的常识普及，但一段时间后各种问题涌现，垃圾分类推行起来似乎格外地难……

我一直着重在意识层面做工作，面对这些具体的问题，我关注的是问题背后各种不同的意识。

比方说戴口罩。单从这个规则来看，疫情期间佩戴口罩，是我们的社会针对新冠疫情制定的一个需要共同遵守的规定。这个规定是为了保护最大化的人群的生命安全，也尽可能地保障每个人自由活动的空间范围，是一个全社会共同的约定。如果这个时候我们不戴口罩，认为这是个体的自由，情况就会像美国或者更为严重。这个结果一定要去继续观察、跟进和思考。

在我看来，这并非是自由与规则之间的选择。就像一部分爸爸妈妈觉得自由对孩子来说非常重要，所以无论在什么场合、什么环境，总会强调孩子对自由的需求。在小区的院子里有各种各样的树，家长允许孩子去攀爬树木，认为这是孩子应该有的一个自由。小区的树可不可以爬？不同的人有不同的答案。我们要探讨的不是谁对谁错，我们要看对待这个约定的态度所呈现的意识：小区里有一个这样的公共约定，即园林树木不可以攀爬，这跟有的小区约定草坪不可以践踏是一样的，跟博物馆约定不可以吃喝东西也是一样的……这个规则不是由你、我来决定的，这是一个公共约定。那么这个时候自由是什么？就是每个个人在遵守了这个公共的约定后，可以在环境中享有的自由。这是我们所讲的教育上的自由，规则恰好保障的是这个环境所服务的全体人员的自由。

所以小区的树可不可以爬，似乎是在进一步探讨规则，但对待这个已有规则的态度后面就是一个意识的问题：自由是一个人的自由，是一小部分人的自由，还是全体人的自由？一个人和一小部分人的自由是特权，还是自由？

我们不难发现，环境中大家共同遵循的规则被某个人打破时，打破的是自由的保障，所以自由和规则是一体的。在任何一个环境——

教育的环境也好，还是生活的、社会的各种不同的环境，一个有规则意识的人走到哪里，他都会去尊重那个环境里面的规则。当你尊重了环境中的规则，你在那个环境里就是自由的。在博物馆里饿了渴了，拿出东西自由地又吃又喝，你满足了自己吃东西的需求，但破坏了博物馆中维护观展环境的规则，一定会有人不跟你理论，直接请你离开，你就失去了在博物馆里面参观的自由。戴不戴口罩、垃圾分不分类都是如此，即便没有立刻出现丧失自由的代价，那个代价依旧会在某一天在现实中显现。

自由和规则不是两个选项。规则保护了任何一个个体在成长中的自由，把所有的干扰因素、暴力因素、妨碍个体享受环境中自由的因素，阻挡在外面，这才是规则和自由的关系。如果父母在意识中不将这二者对立起来，自身有一个规则意识——不可以破坏公共秩序，不可以破坏公共约定，不可以伤害他人的权益和享有这个公共环境的自由——就不会纠结于我的孩子需要感觉草地，小区的草坪到底该踩还是不该踩；我的孩子需要攀爬，需要享受大自然，小区的这棵树到底是爬还是不爬。这些问题本质上都和孩子成长的自由没有关系。

自由和规则的对立，是权威意识的结果

我们一定要去思考三个问题。第一，我们对规则是如何界定的？第二，在你的生命里面，自由到底是什么？第三，我们有没有静下心来去思考，爱和自由的教育所主张的规则和自由，它们之间的关系到底是什么？

在现实中，大家常常把自由和规则放在对立面上，我必须旗帜

鲜明地表达：这种自由和规则相对立的意识，本身就是一种权威的意识。

我和我的儿子有一个约定：每天都可以去超市。无论是谁陪伴他，他每天都可以去一次超市选零食。时间长了，这就形成一种生活秩序。因为逛超市、选零食的机会每天都有，我发现他在这个生活秩序中的目的并不是选零食，几年下来，他对超市的功能，各个不同的超市的结构、物品摆放规律都有了非常清晰的把握。这个漫长的逛超市的历程，发展了他的智能。

我们还有一个在玩具上的约定，也是儿子从小就有的，即一周可以去一次卖玩具的地方选一个玩具。家附近没有品质好的玩具店，平时我们上班也忙，只能到周末再带他去远一些的玩具店选玩具。

儿子2岁多时，我清晰记得在一个周四，我在小区门口接到孩子，他一下车就径直往超市里跑。他边跑边喊，说买玩具。我发现在超市的门口放着的不是玩具，也不是零食，是一个玩具盒子里面装了一点零食类的东西，可能比较吸引孩子的注意力。这是一个新的东西。他铆足了劲往前跑，但是肉乎乎的，跑也跑不快。他一边跑，嘴里面一边念叨着："买玩具。"

刚要跑到超市的门口，快要跟门口平行时，我说了一句："儿子，今天是星期四，不是周末。"

他听到了我的这句话，感觉一脚就要跨进超市大门的同时，他拐了一个弯，跑向了小区大门。跑进去后，他的速度越来越慢，最后开始走。我跟在他后面，看着他的背影，那一瞬间，我有点心疼他。一个2岁多的孩子，那么可爱，一下车就欢喜地往超市里冲，快要冲进超市买想买的玩具时，一听今天不是约定的时间，瞬间头都没回，就拐了一个弯，跑进小区的大门，然后越跑越慢……我从他的后背能够看到那种沮丧的情绪。

我心里边咯噔一下，七上八下，一个声音就起来了：作为爸爸，这么一点小事情，至于吗？给他买了又能怎么样？紧接着，我就有一种自责，再看着那个可爱的小家伙沮丧和失落的背影，还有一种心疼……各种情绪开始涌动。然后一个声音说："干脆就给他买了算了！"我加紧步伐，几步赶上他，"走，爸爸带你去买"这个声音已经到了嗓子眼，但就在拉起他的手的一刻，我和他的眼睛对视上，内在另一个声音又出现了（这是一个比较理性的声音）：是我跟孩子约定的"买玩具的时间就是周末"。这个理性的声音出现时，内在就有两种状态：一个是之前约定好的规则，一个是现实中孩子的沮丧碰撞出的"自由"的声音，即突然觉得之前约定好的规则可以去逾越它，可以不遵守它，觉得"就这么点事，买了又怎么样"——我们似乎可以把这样的状态解释为自由。

这个自由是什么？其实就是内在的权威意识滋生出来的声音，与我们教育中谈到的成长的自由是完全不同的两种状态。

当我这个爸爸看到这么一个可爱的孩子，有那样一个愿望时，为了平复我的内在所生成的那些情绪，我可以去破坏我们之间的约定。这样做，他高兴了，我也舒服了。一件事做或者不做，取决于我的情绪、我的意志，这就是一种权威意识。

就在几步路之间，我看到了孩子的反应，同时也看到了我自己的心理过程，我选择尊重我们的约定，这一切的反应都是我自己的，由我来负责。完成这一心理过程，我追上儿子，与他沟通："爸爸看到你有点失落。”

结果儿子简单的表达又安慰了我一把：“周末买！”

那个当下我再次深刻地体会到，如果我带着他进去买了玩具，恰恰是我的权威意识在作用，我们约定的规则就不被尊重。这貌似爱孩子，实则破坏了孩子的秩序。那里没有爱、没有自由、没有规则、没有秩序，也没有自律和界限，却给孩子种下了权威的种子。想到这里，我心里一下坦然了，有种气壮山河的畅快。

关键时刻跳出来的权威意识

建立规则的关键时刻败下阵来，也是权威意识的结果。许多家长提到，在家庭里面与孩子约定看电视、买玩具，还有吃零食之类一些非常具体的事情时，总是在非常关键的阶段败下阵来。看电视约定的时间到了，提醒孩子结束，孩子就开始闹腾。孩子一哭闹，有的家长就瞬间中招；有的家长可能会坚持一会儿，去倾听孩子的情绪，但是孩子的情绪一旦大起来，家长的防线瞬间也就崩溃了，受不了就说“算了，都哭成这样了，就再让看一会儿”；也有家长受不了了就开始烦躁、指责，之前的约定被情绪事件淹没了。

孩子哭闹正常不正常？很正常，因为碰触到约定好的规则跟他当下的意愿有了冲突，或者跟他已有的模式不同，他必然会有反应，会有各种情绪。但恰恰是这种反应给了我们一个很好的信号：规则就在这里，之前没有这样的体验，现在碰触上了。一旦碰触上，就等于在唤醒孩子的规则意识。

孩子不配合、哭闹，这些对规则本身的各种反应意味着孩子的规则意识已经开始启动。但恰恰在非常关键的点上，家长败下阵来——妥协了，或者情绪共生了，以权威的力量把孩子打压下去。我们看这个过程似乎是孩子的某种反应，直接导致成人不去尊重那个与孩子之间的约定。但其中是什么在支持着你，让你在现实里做出这样一个决定的？支持你的能量其实就是内在深层次的权威意识。不论是妥协还是打压，都是这种权威意识外显的结果。

所以我们在每一个具体的事件里面去跟踪自己的意识，这非常有趣。你会发现自己有规则意识，也有权威意识，有过去的旧意识，也有新时代的意识。我们在帮助孩子建立规则时，内在总会有一些微妙的能量在一同运作。这很正常，我们都是这么长大的，在各种不同的权威关系中长大，权威意识在我们的生命里种得很深、很深。但我们又处于一个新时代的成长历程中，新教育启蒙了新的意识，所以这些能量就在我们与新人类的相处中不断交互出现。

我们想要帮助孩子建立规则，想要与孩子建立一种新的关系模式，就像新陈代谢一样，新的东西进来，旧有的东西一点一点排除。有的排不掉，内在会在这两者之间来回摇摆。这是一个过程，也是一个事实。

所以大家怎么做呢？首先，我们真的要有意识地去和孩子做一些约定。规则约定好了，我们和孩子一同去执行，去经历这个规则。接着，我们不能去强迫自己一定要一个什么结果，而是和孩子一点一点去经历。经历的过程中，有意识地去观察我们外在的语言、行为、情绪，观察我们内在的每一个念头、想法、微妙的能量，这些都是深层次的意识的外显。就是透过这样实实在在的事件的经历和体验，我们学习警觉，在我们的内在，权威意识时时刻刻在起着作用，时时刻刻在想着出来干点什么事。 我自己也是这样，观察自己，跟孩子相处，跟家人、跟周围的朋友相处，内在真的时时刻刻都会有一种权威的意识暴发出来。有时候会觉察不到它已经出来了，已经形成了一种状况或者说一种结果；但有时候你会把它抓住，说：“你看，内在权威的能量出来了。”

经常有意识地去关注这些，我们的生命就会越来越敏感，然后你会观察出来相同的声音。就像故事开始的时候，一种是权威意识的声音：“你看这个孩子这么可爱，不就是买个玩具，至于吗？我就把它买了，不遵守那个呆板的规则，又怎样？”另外的一个新的声音是：“我们在选择一种新的生活、一种新的相处的方式，跟孩子之间有一份约定，要周末买玩具。今天没有到周末，我们就去尊重这个共同的约定。”这是一个理性的、规则意识的声音。

我想在那一刻，任何爸爸、妈妈或者是任何一个教育者，都会非常智慧地选择做一个决定。我肯定会选择遵守和孩子之间的约定。让孩子通过这样一种具体的经历和实践，学会遵守约定。约定不是你对别人的，是自己对自己的承诺，这就是支持孩子的成长，是成人对儿童的爱。

当孩子挑战规则，恰是建立规则的好时机

接纳孩子挑战的必然性

孩子挑战规则之所以成为今天的话题，是因为已经产生了后续结果：要么是家长“被逼得”火冒三丈，用非常强势的能量直接把孩子镇压下去；要么就是家长有点怯了，然后妥协了。

而我首先要说的是，孩子挑战规则是必然的历程。在真正形成规则意识之前，所有的孩子在面临着建立规则的过程时，都有这样的特质。

为什么呢？一方面，不仅孩子会如此，而且从根本上说，这是人性，有时候它被叫作“本我”。这是人性中比较原始的一部分能量。任何一个人在成长、在社会化的过程中，总会遇到或者说体验到自己内在的这部分能量，原始的、本能的一种能量，就是“我想干什么就干什么”的欲望、冲动。这部分能量在越小的孩子身上，体现得越为突出。所以作为父母也好，作为一个教育者也罢，成人要理解孩子生命中的这一部分。理解，然后非常有意识地帮助孩子去认知和转化他生命中原始部分的能量，这是非常重要的。

另一方面，孩子挑战规则是一个必经的学习历程。它体现在孩子挑战不同的权威上，比如挑战妈妈、挑战爸爸、挑战老师，或者挑战某个规则的执行人。透过挑战，孩子来触摸关系中的边界。不同的人所给予的不同反应，会在孩子这里形成某种经验。

如果孩子挑战的这个人，是具有规则精神、规则意识的状态，无论孩子怎么挑战，规则是这个，事情就要这样做，不温不火。孩子通过这样一个人、这样一段关系，就会透过对方形成一种经验，体验到一种品格。但是如果说这个人一会儿就火冒三丈了，孩子也能透过这段关系触摸到某种状态、某种底线，但这二者之间的经验是不同的。所以，当孩子挑战规则，被挑战的人的反应对这个孩子来讲也是非常重要的。这一部分也恰恰是陪伴孩子的成人最重要的功课。

大部分孩子，4岁多不到5岁的时候，对于家里和学校的规则已经非常清晰了，同时他们也开始频繁挑战规则。他们知道玩具、物品使用完后要归位，但是他们偏不这样做。为什么？就是前面所讲的，他们透过不同的关系、不同的人不断地来体验“本能的我的意志”，试探关系中另一方的底线。

我儿子在这个年龄时，有一天晚上在家玩玩具，玩到很晚。因为一边玩一边从玩具区拉出更多的玩具，所以从他的房间到客厅到处都是玩具。我们家还有一个规则，晚上10点就要上床睡觉。快到睡觉的时候，他的精力已经不够了。

他的妈妈提醒他去归位玩具，他嘴上答应着“好的”，但好长时间不行动。妈妈于是又提醒他，反复几次，而他明显地在通过这种互动试探妈妈的底线。但到最后，能量越来越升级，他开始用情绪来回应了，说：“我就是不归位。”

他的能量在上升，妈妈的能量也在上升。她一边不断提醒，慢慢已经有一个动作，就是从他的玩具区开始，动手进行归位。

眼看着儿子的目的似乎达到了，于是我把他妈妈挡了一下，说：“你停下来。”

然后我走到他房间的门口看着他，他就趴在自己的床头，屁股撅着，就在那儿耍赖，一副胜利的样子。

看着他高高撅起的屁股，我心里升出一个比较顽皮的念头：这个位置挺好，给他屁股上来一脚！

于是我说：“你成天就故意挑战你妈妈！”但我没有说出想要踢他一脚，只是心里过了这么个念头。

然后他抬起头来瞪了我一眼，看着我说：“不管怎样我都不归位，踢我也不！”

我心想，这家伙真成精了！

看着他，我说：“子健，爸爸问你几个问题。这玩具是谁的？”

然后他说：“是我的。”

我说：“既然是你的，是不是你要对你的玩具负责任？”

他说：“当然了。”

我继续说：“现在你不归位这个玩具，我解释为你不想为你的玩具负责了，你同意吗？”

当我问这个话的时候，他立刻有所警觉，一下子就坐起来了。

我说：“如果你不想为你的玩具负责，我就特别想为你的玩具负责了。因为我看着这个玩具扔到家里面，弄得乱七八糟，我特别想为它负责任。如果我负责任的话，我就有权来处理它们了。”

他立马说：“你没有经过我的同意，不可以动我的东西。”

我说：“你要为它们负责任的话，你就得玩完之后去归位，这是你对你的玩具有始有终的责任。”

然后他就嘴里念念叨叨着“没有经过我的同意，不可以动我的东西”，一边把他的玩具一个一个捡起来归位，用了好长时间才归位整齐。归位完毕后，他还特意看我一眼。临睡前，他又念叨了一句：“你记住了没有？没有经过我的同意，是不可以动我的玩具的。”

这就是我们家的一个小故事。孩子就是这样透过不同的关系、不同的人，来触摸这个人对待事件、对待规则的态度，试探一段关系的底线。

这个过程中关键的就是，我们这些不同的人，给到孩子不同的反应，这些反应对于一个正在建构和形成规则意识的孩子来讲，是尤为重要的。所以父母在遇到孩子挑战规则时，要有意识地去准备自己，这个过程中你的态度，你呈现出来的能量，都将会被孩子纳入他的内在，形成某种经验，然后形成意识。这也是我为什么要将“孩子挑战规则是必然的”重点提出来，即父母要将这个历程装在你的心里。

孩子的挑战是有价值的

我想要强调的第二个部分是：孩子挑战规则是有意义、有价值的。最直接的一个意义就是在儿童建构规则的初期，一旦他开始挑战，你就知道他已经触摸到规则了。

无论是在学校的规则，还是在家里的各种生活规则、约定，只有当孩子触摸到，他才会有这种挑战的反应。儿童最早碰触到规则时的那种情绪化的表现，往往是跟他以前的秩序、结构、习惯不同所导致的，是一种打破和扩大的过程。孩子的反应意味着他看到了规则，在心理上开始走一个历程，将规则扩充到自己的内在，这是最早的规则概念的建立。

当孩子已经有了规则的概念后，孩子挑战，家长又会不知所措。不是明明已经建立规则了吗？家长神经上有根弦会绷得比较紧。这个时候，孩子的挑战是一种主动的、有意识的挑战，规则跟他的需求、跟他的原始能量冲撞上了，又或者他故意在挑战某个人的权威，探底线，总之是跟他个人的状态撞上了。规则清晰地进入了孩子的意识中，就像灯油一样，啪的一下被点亮了，孩子的意识对准了“规则”这个目标。我不断地讲，帮助孩子建立规则绝对不是坐而论道，不是停留在教室里、课堂上给孩子讲我们应该遵守什么，而是要在事件当中让孩子真实地触摸到规则。比如，在家里和孩子一起商定看电视的时间、物品的管理方式、上床的时间、买零食的规则等，这时候这些规则对于孩子意味着什么，他是没有体验的，只有当他当下的某个需要和这些规则冲撞上的时候，他才会非常真切地意识到规则本身。所以，这种时候恰好是帮助孩子建立规则意识的好时机。

养育者要在挑战规则上有一个认知上的转化，不要遇到跟孩子讲规则时，孩子一哭闹、一斗争就犯怵，觉得闹心、麻烦。要看到这个挑战背后的意义。一定不要在具体的事件里面把这个机会放掉。

举一个我们幼儿园的例子。几年前有一个小朋友情绪化比较严重，在幼儿园的时间越长，他越放松，跟别的小朋友相处时，情绪就越多地宣泄出来，有时候还会动手打对方。

有一天一位经常跟他玩的小朋友带了一个玩具，他想要，但那个孩子不给，他就去抢。抢的过程中，两人互相又推又搡，最后他没抢到，一气之下就把那个孩子打了一顿。

解决问题的时候，他死活不肯道歉。没有解决完之前的这段时间，老师需要一直陪着他。他宁可让老师就那么陪着，也说什么都不道歉。等到下午放学，家长来接他了，老师便非常平静地跟家长说："可能他明天早晨会闹着不来学校，但是现在对孩子来讲是非常关键和重要的一个阶段。所以明天你必须配合我把孩子按时送到学校来，我要跟他解决这个问题。"

果然第二天这个孩子各种闹，就是不来学校，不想上学。因为他很清楚地知道，爸爸妈妈把他送到学校的时候，老师依然要陪着他解决那个问题——他要给另一个孩子道歉。

但因为老师提前跟爸爸妈妈沟通了这件事，所以爸爸妈妈想到对于孩子来讲，这是非常、非常重要的一件事情，就有意识地配合了老师，第二天把他送到了园里。送到园里时，他的能量已经不像头一天那么抗拒了。

老师非常平静和坚持，态度上就是：对于这个事情，我没有任何情绪，但是你必须得为你的行为负责任，我们必须得解决这个问题。

老师就耐心地陪伴他、等待他，时不时地与他交流，询问他："你准备好解决问题了吗？想好要道歉了吗？"呼唤他回到这个事件中，去为自己在那段关系中的行为负责任。慢慢地，孩子对抗的那部分原始能量开始往下走，自我负责的意识慢慢升腾起来——他意识到自己的行为伤害到小朋友了，所以必须为这个行为负责。于是，在老师的协助和鼓励下，他终于道歉了。

等道完歉，老师又欣赏了他第一次为自己的行为去道歉的这份勇气和担当。这一下子突破了他原有的模式和结构，新的秩序就打开了。

老师在解决问题的过程中，不在于方法的多寡，也不仅仅是职业素养，而是透过在这样的校园环境中和孩子一同去经历、去体验，然后把那种对孩子的理解和规则意识逐渐地内化在了身上。他们最大的特质是会有意识地去协助儿童在这样一个又一个具体的事件中，形成一种品格。

不遵守规则恰是建立规则的时机

谈到孩子挑战规则时，我们心里一定要有准备。准备什么呢？准备启动你的意识：帮助孩子建构规则的时机到来了！你不去先入为主地和孩子的挑战对抗，不带有抵触的能量，不在心里进行评判，让自己面对此类问题的时候，心态是中正的。心态不中正的时候，我们很难帮助孩子去触摸规则。

现实生活中往往出现的问题是什么呢？当孩子不遵守某个规则，挑战爸爸妈妈或者老师的时候，成人将更多注意力放在了自己的感受上。许多人受不了挑战和质疑，所以在这段关系中一下就把规则抛诸脑后了，呈现出来的是：“我说了，你为什么不听呢？我们已经约定好规则了，你为什么不做？”

发现了吗？我们个人的权威意识被挑动出来。帮助孩子建立规则，一定是用规则本身说事，这个背后一定是规则意识。当你情绪的能量升起来，强势地把对方镇压下去，这就是一种明显的权威了。

权威意识至少有这几个面向：一个是你评估对方比你弱，你火冒三丈，用强势压制对方听从你；一个是你评估对方比你强，或者面对对方你觉得坚持规则可能会有你不能面对的结果，所以你妥协了。妥协有时在关系中是一种非常好的合作状态，但是如果逾越了规则，它就是权威意识的另一个面向。

如果我们就谈规则，就要用规则精神来解释和支持事件发展的走向，权力斗争的状态就没有了，就能帮助孩子触摸到规则本身。帮助孩子建立规则，本质上是最终帮助孩子拥有规则意识。

什么是规则意识呢？首先是规则，规则是个体在外在环境中与他人和环境的互动原则，是具体外显在关系中的行为品质；规则意识是个体内在自己与自己的约定，这份与自己的约定让个体的状态自由、平静和从容，这份约定是人生命里的高贵的品格。

我们的社会是一个复杂而多元的社会，我们养育的孩子是未来的成人，他们将要面临的世界是我们今天难以想见的世界。但是，如果一个人拥有规则意识，他就会在不同的环境里面，乐意去尊重和发现那些物质的、心理的、文化的、关系的界限，这是一种文明，是他与他人、与世界对话的很重要的品格。

有一本书叫《为孩子立界限》，作者说一个人的品格就是他的命运，我非常赞同这个观点。在孩子成长的整个历程中，监护人的意义就是慢慢从每一个具体的事件和关系中帮助孩子去体验到那些具体的品质，最后慢慢形成儿童生命内在的品格。

用规则意识呵护孩子安宁成长

成人必须清晰规则背后的意义

公园里，风吹着树叶飘动的景象吸引了许多孩子，我的孩子也专注地看着。我把他抱起来，树叶刚好拂在他的脸上，他看了一会儿，伸手想扯树叶。我告诉他，可以看，不可以扯。但孩子抑制不住自己的兴奋，仍然拉扯着树叶。我不再说什么，把孩子抱远一些，刚好够不着树叶。就在这时，一对父母带着女儿路过，爸爸一个箭步冲过来起跳，拽下一根树枝递给女儿，一家人其乐融融地走了。

这就是两个家庭的不同，我们选择了不同的生活，没有对与错，各自为各自的选择负责。而我们帮助孩子建立的那些规则，核心一定是在帮助孩子建立一生受用的品格，让孩子有能力为自己负责。

比如，“为伤害他人的行为道歉，也有权利要求他人道歉”这条规则，经常会出现在孩子发生冲突的场合。我们怎样让孩子体验到规则背后的精神呢？

成人必须清楚地知道，这条规则的意义在于，让孩子明白他的行为对别人造成了伤害，破坏了关系中的界限，道歉意味着为自己的言行承担责任。能够为自己的言行承担责任的人，是成熟的人，是有安全感的人，是值得信赖的人。

这样，我们不仅仅是解决了孩子的纠纷，而且更重要的是通过事件的解决帮助孩子形成了品格。当成人清晰规则的意义，再帮助孩子解决问题时，内在的规则意识、规则精神便能够在具体的事件中被孩子触碰到。

我们的行为、姿态、表情、语言、举手投足间都渗透着意识。帮助孩子说出“对不起”时，有的老师是用手掌托着孩子的手，有的老师是抓握着孩子的手腕，仅仅几厘米的距离，一个是承托着孩子，一个是些许强迫；有的老师用手心贴着难以道歉的孩子的后背，静静地支持他说出“对不起”，因为他知道道歉需要勇气，尤其是第一次道歉；有的老师蹲在孩子侧面，用手扶着孩子的后腰，而还有的老师面对面盯着孩子的眼睛；有的老师说“没关系，你向他道歉吧，老师知道你非常勇敢”，有的老师说“请你向他道歉，你刚才伤害了他”，还有的老师说“今天这件事，你必须向他道歉”。

一言一行都蕴含着成人对规则精神的理解，看似在解决同样一件事，但不同的言行透露着不同的精神，赋予“请道歉”不同的意义。得到支持和鼓励的孩子，认为道歉是生命中神圣、重要而高尚的事，能够坦诚地向别人道歉。而仅解决了表面问题的孩子，认为道歉是一件可耻的事，是自己的错，不知道道歉意味着对自己的行为负责。

有时你会发现，当你煞有介事地帮助孩子们解决问题时，孩子却在通过哭泣排解情绪之后，已经原谅了对方，把事情放下了。我们要去体察这些细节。成人对规则精神的解读是无形的能量，直接影响孩子对规则的理解。所以，在使用规则之前，我们应做到最基本的就是明白自己为什么要使用它，否则规则就成为规条，成为制约。

在许多年里，我和我的同事们发现，当父母开始有意识地要去帮助孩子建立规则时，总是非常着急地想透过一些具体的规则把事情赶紧解决掉。这个时候我们对自己的意识是不警觉的，我们会忽略一个基本的事实——这个事件本身就是帮助我们去触碰到规则以及规则意识的载体。

所以，我们先换一个态度，更新一个意识：任何一个麻烦的事件一定带着一份礼物。如果我们能不那么着急地去学习一套“专业的”“有效的”理论和方法去解决事情、摆脱事件；如果我们相信意识会发生改变，我们想要成长自己；如果我们沉静下来，认认真真去面对这个事件，认认真真陪伴孩子一起去经历、去碰撞、去观察我们的意识，就一定能与孩子一同触摸到事件背后的规则。

警觉意识，比解决问题更重要

这是一个四口之家，妈妈抱着小宝宝和爸爸在滑梯口等待滑滑梯的大儿子离园回家。

园里玩滑梯的规则是从阶梯上，然后从滑梯滑下，不可以翻越滑梯的围栏。因为围栏近两米的高度，翻越是有危险的。幼儿园所有的孩子都遵守这个规则，他们上来也都不会去翻越。

哥哥不断地跑上来，滑下去。妈妈怀里的小宝宝示意也想去玩，于是从滑梯的阶梯爬了上去，爸爸在滑梯口的位置等待用手接他。结果小宝宝爬上去，看见妈妈站在围栏旁边，就没有滑，然后脚踩到围栏下面的台阶上把手伸向了妈妈。妈妈顺势就将双手举起，从围栏外把孩子抱了出来。这个举动破坏了滑梯的规则——不得翻越围栏。

紧接着，老大从台阶上冲上来之后，立刻说："妈妈，我也要从这儿下。"孩子脚并没踩上去，但期待着妈妈能够也把他这样举下来，这是他的心理需求。在那一刻，孩子似乎忘记了这个规则。

妈妈的反应就非常有趣了，她告诉老大："请你用正确的方法从滑梯上滑下来。"

哥哥非常沮丧地从滑梯上滑下来，然后一家四口人往外走。爸爸妈妈在前面抱着小宝宝说说笑笑，大儿子跟在后面三四米的距离，沮丧得一直低着头离开了校园。

哥哥难受的原因是，他并没把注意力放在这个规则上，而是妈妈对待他和弟弟的两种不同的态度上。他会产生一个与规则毫不相干的对这个事件的认知，而他未满足的心理需求和情感波动是这个事件带给他的最直接的后果。这也是我们在生活中时不时会看到的一种情况。

在这个情景中，你会很容易发现，这位妈妈的规则意识正在建构中，但尚未形成或者说尚未内化，带孩子的过程正在帮助这位妈妈一同体验着规则。妈妈对待老二的态度，似乎可以理解为老二还没有入园，所以对于老二来讲，这个规则可以不遵守，或者说妈妈下意识的反应就是这个规则对小宝宝不成立。

不论是哪种情况，这位妈妈的内在其实都是两种力量在博弈——一种是大孩子上的幼儿园里的规则意识，另一种是她旧有的权威意识。她对大孩子说"请你用正确的方法来下滑梯"，这一句话似乎是在维护规则，但恰恰因此我们最容易不去觉察背后的意识——那一刻，我们是在使用我们权威的力量，利用这样具体的规则来快速地解决眼下的麻烦，摆脱一个现实中的问题。

当这背后的意识是权威，是将孩子的需求以及孩子所处的事件视为一个待解决的麻烦时，我们的态度和解决问题的方式也会将那时的孩子锁定在这个待解决的事件中，而不是导向规则。

如果这位妈妈真的拥有了规则意识，老大要滑下去，老二要翻过来的事件就绝对不会发生。这些是不被她看见，或者说不被她觉察的。

我们当然可以去帮助这对父母回看这个事件，帮助孩子去解决这个问题。但我想说的是，我们不能仅仅是解决具体的问题，而是要去有意识地培养自己的警觉性，去发现事件背后所呈现的在不同的关系中穿插着的不同意识，这个意识在决定着事件的走向。

权威本质上就是拿走对方的能量

教育中我们谈到影响孩子的权威有两部分：一部分是外显的，直截了当、一目了然地在语言和行为上对另一个人的控制；另一部分是内敛的、不容易被发现的，我们叫隐匿的权威。在后一种权威中，你可能更多地看到暗示的能量，表面上看起来没有任何控制，但是一个眼神、一个言外之意就会起到压制作用。

我过去带一班二年级的孩子。周五下午上社会实践课，我们去图书馆。班里有一个小姑娘，当时跟妈妈约定好了，下课后由妈妈来接她。

但是妈妈临时有事来不了。那会儿的通信还没现在这么发达，也没法跟老师联系提前跟孩子沟通，这位妈妈只好让爸爸来接孩子。

我记得当时下了课，我们都站在图书馆的门口等待。爸爸开车来，车就停靠在马路边等，不能长时间停留，所以这位爸爸就比较着急，要接孩子走。

但是孩子一看见爸爸就非常不解，问："为什么妈妈没来接？妈妈跟我约定好的是今天下午她来接我。"

爸爸说："你妈妈没时间。"

孩子就说："我想给妈妈打一个电话。"

她爸爸就把电话拿出来，孩子拨通了电话，跟妈妈说，为什么要骗我？你答应放学来接我，还要去什么什么地方。

妈妈可能在电话的另外一头跟孩子解释了，但孩子显然一时不能接受，觉得妈妈没有履行承诺临时变卦。她情绪就出来了，显得很难过。

当孩子的情绪出来时，爸爸已经把孩子带走了，离我们越来越远。就在一转眼，我们只看到爸爸的情绪突然发生了变化，一把把电话夺了过去，瞬间就发火了，从背影上看得出来他在对着孩子吼。那一刻，我们并不知道这位爸爸的内在发生了什么，但是外在表现出来的是一下火就蹿了起来，上去就给孩子的屁股后面来了一脚，把孩子直接踢得踉跄到两米开外，然后又直接把她拎起来扔到车上。

这个事件发生得特别快，我们几位老师基本上都没反应过来。我们后来都很疑惑这位爸爸为什么突然就这么恼怒？

这个故事中的爸爸直接在行为上控制甚至伤害孩子，这就是一种外显的权威。所以，爸爸要树立权威，是在树立什么？是一套价值体系吗？一套解决问题的方式吗？还是其他的什么？很多时候我们没有去认认真真思考过权威本身。

回到那位爸爸突然暴发的瞬间，我看到的是他的创伤出来了，他没有更多的能量去支持到孩子当下的情绪波动。情绪的波动本身是非常正常的，别说孩子，我们成人跟朋友约好了什么，结果突然发生了变化，也会有这样的波动，这是很正常的一件事情。

但那位爸爸的创伤似乎就在那一刻被撞击出来了：他觉得自己没有被认可，我忙里偷闲地来接你，怎么了？我对这个家付出了那么多，为什么你就非得要妈妈？那一瞬间碰撞出的创伤是一个被否定的、不被认可的小朋友的愤怒，那种“凭什么我就不够好”的痛苦暴发出来，最后以一个暴力的行为——一脚把孩子踢出去两米而告终。就是在这样一个具体的小事件中，这位爸爸完全支持不了女儿的情绪，也照顾和管理不到自己的情绪。

在具体的关系和具体的事件里面，创伤中的成人无意识地暴发出这种权威的力量，就是在剥夺孩子的能量去填补自身的创伤，因为他没有能量了。所以权威意识在关系中，尤其是在家庭中，我把它解释为“拿走对方的能量”。权威不允许对方以自己独立的意志做事，不允许第二种可能性，在关系中权威不允许多元的文化和能量存在。

不同的意识在家庭中共存

后来，老师跟孩子妈妈谈这件事，发现孩子妈妈很无奈。虽然她在自己与孩子的相处中，很努力地以一种规则的方式进行，但在这个家庭里边，妈妈一直苦恼于丈夫认为“自己的那套很好，自己也很优秀，自己父母的养育方式没有问题”，她说服不了丈夫。

一个家庭中，爸爸要树立权威，妈妈要讲规则；有的可能是妈妈要立权威，爸爸想讲规则。我想问，假设你是这个家庭里的孩子，你怎么办？

有的说选择跟妈妈站在一起；有的说如果我够敏感，我就钻空子；也有的说不知道怎么办，很混乱；还有的说听谁的会随时变化……

这些都是真实的。这些感受也好，做法也罢，就是会发生在这样的家庭关系中。一个家庭都以自己认为好的方式进行权利争夺，孩子就会出现归属上的困扰，他不得不面临着如何站队的问题，而这个问题已经远离了我们帮助孩子建立规则的初衷。

在这个关系中，我们最容易把注意力聚焦在对待孩子的问题上，但恰恰最容易忽略的是，爸爸和妈妈面对孩子的时候并非简单地代表两种不同的方法，而是存在着两种不同的意识状态。这样的关系，本身已经是一个事件——一个要树立权威，一个要建立规则。这样的一种争夺，这样一种没有达成共识的关系，本身就是一个事件。

但遗憾的是，本质上大多数家庭是没有规则精神的。父母双方没有搭建出一个基本的约定和共识的平台，情景必定是在那一刻谁的能量大，谁就说了算，而成人的能量肯定要比孩子的能量大，所以孩子是没有真正意义上说话的空间的。这恰好是我们在教育中谈到规则时一个重要的意义：把强权和暴力排除在外，让儿童获得平等的权利。这个共识的平台就是这个家庭的规则精神的体现，是帮助孩子建立规则的前提、平台和环境，是夫妻关系中需要完成的功课。

一个具体的事件总会呈现出不同的意识状态、不同的价值观、不同的角度，这个世界本来就是不同的意识状态共存的。在这个世界里有各种各样的生命，各种各样的角度，各种各样的价值观，这是一个真相。我们需要看到这个真相，同时也需要去尊重这个真相。问题在于如何共存?

具体到夫妻关系，你们有不同的意识状态，有不同的价值观，面对同样一个问题，可能方法和解决问题的方向都不一样，这是正常的，也不可避免。但是，能不能达到共存?一个树权威，一个立规则，呈现的就是一个难以共存、没有达成共识的局面。功课就在于此。

一个家庭有了孩子之后，家庭成员总是争着抢着以自己认为最好的方式来爱孩子。你认为最好的方式没问题，那是你认为；另一半也有自认为最好的方式，这也没问题。对于自己来讲最好的，未必对别人来讲最好。有的人真的觉得权威意识就是好使，他们说："我就是这么长大的，我父母就是这么把我打大的，我现在活得挺好。"如果你这么认为，没问题，但是你需要有一个意识：你的体验适合于你，但你不能强加给别人。我们首先在这个部分建立起一个有意识的界限，建立起一种有意识的自我管理，把你的认为圈定在自己的系统里面。这个意识就让家庭中有了尊重，有了平等对话的机会。

这就是一种规则意识。家庭中的另一方如果在这段关系中，不将注意力放在"伴侣的认为正确与否"中，而是从对错中跳出来，尊重伴侣的认识，致力于找到共识，建立起有益家庭关系的沟通平台，这也是一种规则意识。规则意识会帮助一个家庭从斗争走向安宁。

所以夫妻双方需要一同努力去建立一个关系的平台，彼此约定好：如果有人生气，可以要求一个空间先去照顾自己的情绪，但是不可以伤及家里的任何人；生气的时候可以砸枕头，扔纸团，但是不能破坏这个家的物品；等等。这样一些关于冲突和分歧发生时的具体约定，可以尊重到每个人自己的感受和那一刻的能量，但是却不让破坏性的能量去伤害到关系。如果我们能够先这样去做，这个家庭就有了规则意识和在关系中相处的界限感。

父母在保留自己的意识的同时，还需要去建立一个可以达成共识的平台。当我们开始因为孩子生活中的一些细节、一些具体的问题，要去帮助孩子建立规则时，夫妻之间需要先建立起一个解决和处理分歧的平台——爸爸是这样，妈妈是那样，我们两个不同，但我们共识的部分是怎样的，这个共识的部分就是我们对话和处理各种问题的平台。这个达成共识的平台就好像一个最大公约数，我们就在这个平台上来讨论孩子成长的问题，把孩子纳入一个安宁的、有规则的成长环境中。

小到我们的家庭，大到全世界，在每一个具体的事件中都会碰撞出不同的意识。这些截然不同的意识的存在是有道理的，而且也是必然的，它们是可以共存的，核心是我们要去促成一个可以达成共识的平台，就像联合国的存在一样。一个家庭只有在这样一个共识的平台上，再去谈论我们如何帮助孩子建立规则，如何应用规则去帮助孩子解决现实中那些实际的问题，才是有意义的。

把握了规则的孩子们

拥有规则意识的孩子们的生活，他们的关系，他们在关系中的界限，那种自律和自我负责的状态会是什么样的？

有一年两位记者来学校采访，让我讲讲教育。我就带着他们去参观学校。当我们走到后院的沙池后不久，六七个大孩子走来了，其中有一个孩子看上去领导力十足，他招呼大家过来：“我们决定做一个城堡，谁参与？”

其余几个孩子都举手，他也举手了。

接着他说：“那好，我们先选建筑师？”

所有人都举手争着抢着要当建筑师。他瞄了一圈，指着其中两个小朋友说：“同意他们两个当建筑师的举手。”

然后全体举手就通过了。他又补了一句：“在我们几个人中间，他们两个建楼是最厉害的。”

他又说：“愿意打水的请举手。”

这下没有一个人举手。他看看剩下四个人，指着两个小朋友说：“你们两个同意打水吗？”

那两个小朋友说：“我们不同意！”

他转向剩下那两个小朋友问：“你们两个同意他们两个打吗？”

那两个小朋友说：“我们同意。”

他说：“我也同意。”

他又转头看向那两个建筑师，他们说道：“我们也同意。”

这两个被选中打水的小朋友从队伍里面退了几步，有一点不想参与的样子，但是也在犹豫着。

等了一小会儿，他就跟那两个小朋友沟通：“你们两个想好没？还是你们需要再想想呢？”

那两个小朋友还是有一点犹豫，他就说：“在我们几个人里面，你们两个身体最有力量，而且是跑得最快的，所以你们打水最适合。”

然后那两个小朋友就说：“好吧，好吧。”

这个问题解决了，剩下两个小朋友干什么呢？他说：“一会儿这个沙池里面的人会越来越多，你们两个负责保护现场。”

当大家都行动起来时，这个男孩就坐在沙池旁边的长条凳上跷着二郎腿。我对那两位记者说：“你们看看这个团队，最有领导力那个自然地作为领导出现，然后制定目标、组织、讨论布局、分工，根据观察到的每一个孩子的特质，在各个岗位上选拔、任用、协调和做思想工作，把每一个人都安排在最适合他们的岗位上。那两个起初不愿意打水的孩子，为了参与这个活动，他们选择妥协。那两个保护现场的小朋友保持高度的警觉。每一个成员在合作中都非常默契。你们觉得高级不高级？”

这些领导力、妥协意识以及团队协作精神是如何生成的？这不是在课堂上老师教出来的，大概只有我们成人认为这些品质是通过成人说教或是培训而来的。虽然整个过程是很放松的讨论，但实际并不轻松，这让我想起了孙瑞雪老师说的那句话：“强权之下无秩序，只有强制下的纪律和奴役出的人格。”而这几个孩子在这里呈现出了一种高度的秩序。

后来远处走过来两个小朋友，一看就是入园不久，其中一个是我儿子，老半天才走到沙池。这两个小孩子目不斜视地往城堡的方向走去，结果负责保护现场的孩子立刻打开双臂拦住他们说：“这是我们的城堡，你们换一个地方玩。”

那两个小朋友一脸崇拜地盯着城堡说：“大哥哥，把我们加上行不行？我们也想玩。”

那两个孩子斩钉截铁地说：“不行，你们可以选择自己做！”

那两个小朋友已经被吸引得走不动了，就想参与其中。

我们几个大人站在旁边继续观察。这时候团队中那个“领导”看到了我，又看了看我儿子安子健，然后招呼一声，几个孩子围拢过去，头凑在一起，不知道在讨论什么。

不一会儿，那个“领导”指着安子健，跟他们说：“他是校长的儿子。”然后又凑在一起，说了一堆话。最后，“领导”头抬起来宣布：“我们决定让你们俩加入，你们两个负责往城堡上撒干沙子。”

其实撒干沙子等于把建筑师的活分割了一部分，于是这两个小朋友跪在建筑师旁边，手里面攥着两把沙子，非常虔诚地等待建筑师说：“撒！”他们两个就认认真真撒一把。

再看那个“领导”，满意地坐在长条凳上看了我一眼，一副运筹帷幄的架势。

我跟那两位记者说：“看起来他在照顾那两个小朋友，但不完全是，他更多的是在照顾我的感受。你们看，有领导天分的人，一只脚踩在生命的系统，而另外一只脚踩在现实的系统。我想这样的团队只有在爱、自由、规则、平等的环境中才能成长起来。”

孩子一旦形成规则意识，在关系中就会显得简单、清明、和谐，界限感特别清晰又平等，自我负责的同时也对团队负责，每一个都是很强大的个体。

小剧场

瞧这一家子（六）

今天儿子又弄坏了一把自己的雨伞。他睡之前想起这件事，自言自语又似乎说给我听："我还有一件事情需要解决一下，我自己会用胶把它粘好！"然后他拿出了"哥俩好"强力胶操作起来。

我多嘴说了一句："这胶没法粘雨伞。"他理直气壮地冲我说："我还没试，你怎么知道的！"

我笑了。然后孩子按之前和我一起操作过的程序来操作，嘴里还时不时地说"这化学产品味真臭"。半小时过去，事情以失败告终。

他看看我，什么也没说，直接洗澡去了。

——子健爸爸

终 篇

请把种子埋进土里

忘了什么时候开始，

不再刻意强调怎么面对儿童。

意识可以被唤醒和转化。

“未经儿童允许，不可以随便触摸儿童的身体。”这是我走向幼儿教育工作岗位前学习的第一条规则。或许，当时我并没有完全理解为什么要这么做，但重要的是在岗位上就得这么做。你可以慢慢理解，也可以慢慢内化，但教师的语言行为必须规范。

于是，我开始蹲下来和孩子说话，开始学着邀请孩子做事，在没有得到孩子允许前绝不碰触孩子……

都忘记了从什么时候开始，不再刻意强调自己要这么面对儿童。但现在看来，在没有内化这些规则之前，这样一个历程本身就是意识的转化，渐渐地清晰了爱、自由、规则、平等、完整的人和完整的成长，渐渐地清晰了生命的内在和外在，渐渐地懂得了自我负责，懂得了我和这个外在的世界有着密不可分的关系，同时也有着清明的界限。

我想，这就是建立规则的意义和价值。它把个体与个体、个体与群体、个体与环境的关系厘清了，使人在关系中有了自我觉察、自我管理的意识，发现生命还可以被这样对待，生活还可以有更多的可能性。

爷爷给孙子道歉了，

我对成长充满了敬意……

规则，把暴力挡在了外面。

父亲是个温和的警察，从记事起就是这样，但记忆中也从未听见过他给子女道歉。昨夜梦见父亲步履蹒跚地跟在我儿子的后面，变成了一位很老很老的老人，走得那么吃力，心痛的我从梦中惊醒，久久不能平静。父亲的各种画面早已融入我的生命之中并流动着。其中一幕很是难忘，那时儿子2岁多，父母帮着带他，我下班会到父母家把儿子接回去。

一次推门进去的时候，我看见父亲弯着腰正和孙子理论。

“我又没骂你，为啥给你道歉？”

“可是你刚才说的那句不好听的话被我听见了，你就得给我道歉。”

“好吧，对不起。”

“不原谅。”

“都给你说对不起了，你为啥不原谅爷爷？”

“你没有真诚地向我道歉。”

“对不起。”

“不原谅。”

“为啥还不原谅爷爷？”

“因为你没看着我的眼睛向我道歉……”

最终爷孙俩“和解”了，一如既往，很是幸福。

我看到父亲对孙子的疼爱似乎远远超越了对我的爱，至少父亲为了爱孙子选择说对不起，让我会心一笑。父亲却对着我说：“这就是你们的爱和自由！”我忍不住哈哈大笑。

我并不知道那一刻为什么偏偏让我撞上，也许只是偶然，但我确定的是，一个儿童在和他最为亲密的关系中所形成的相处模式就是他发展关系的雏形。在家里，他有经常给他道歉的爸爸和妈妈，所以当他感觉自己的界限被侵犯了，就会有意识地去维护自己，这就是界限，这也是人格形成中的能量。

面对孙子的不妥协、不放弃，从来没有道过歉的爷爷最终选择了为自己的言行负责，给孙子道歉了。我想这其中不仅仅有爷爷对孙子的爱，我更相信这个孙子已经学会了自己如何爱自己，而这一状态取决于他与爸爸妈妈最初所经验的关系。

这一幕，时常让我对成长充满了敬意和喜感，爷爷给孙子道歉了！兴许，这正是蒙特梭利所说的“儿童是成人之父”。

孩子和什么样的人生活在一起，

教育就已经发生了……

今天，绝大部分孩子生命成长的能量依然需要透过仰仗成人的方式才能获得，或者依然匮乏。

今天，生存的恐惧对人们来说依然像是悬在头上的一把利剑。

今天，绝大部分父母的情绪、心理、认知等能量依然处在无意识的状态，活在过往的经验和恐惧能量中的成人正在陪伴着形成和建构自我的鲜活的新生命。

这就是冲突。

当儿童生活在一个权威和不被尊重的关系里，他就无法体验什么是尊重和平等，无法体会对生命的敬畏和细腻。当整个社会都在强调生存的恐惧时，孩子们的生命力就被锁定在生存层面，而生存层面的能量是残酷的，甚至是暴力的。

当这个冲突的状态不能被看见和觉察，就无法把儿童从成长的困境中解脱出来，儿童无法脱离这种集体意识和无意识状态所带来的创伤，儿童与成人的关系就会投射在家庭里，投射在学校里，投射在社会里。

今天，在我们的身边有孩子受到了伤害。如果我们仅把目光和作为锁定在幼儿园和幼儿教师的身上是不中正和不客观的，不能因此而不再信任幼儿教师了，教师这个职业必须得到尊重。因为一个不被信任的老师是培养不出有尊严感、人格高贵的孩子的。我们需要把犯罪交给法律，并且有责任唤醒法律意识，积极正向地促进惩戒虐童行为的立法。

我们需要在规范教育的同时，建立规则，促使教育者形成规则意识，而非权威。相信情绪过后，定会有理性的智慧。教育不是展品、不是古董、不是机械，更不是安水管，教育是发生在关系中的，是流动的能量。孩子和什么样的人生活在一起，教育就已经发生了。

儿童生存环境依然堪忧，

我们人人有责。

人性不是用来考量的。面对人性的各种面相，不建立规则，没有健全的法律做基本保障，即使安装了无死角的摄像头，也只是强调了人性中暴力的能量，而暴力会以各种方式存在。

我们能保证心理暴力的监控吗？能监控外在，能看见内在吗？能监控人与人之间传递的能量吗？此举只是限制了成人和教育者意识上的进步，家长只是把孩子安心地交给了监控。这是家长想要的吗？这是教育发展的趋向吗？这是精神上的惰性。

监控之下，已经有了预设，这个群体是不值得信任的人。

监控之下，只能把教育、家长和学校的关系推到一个无法回头的局面。教育的发展和成长永远都发生在信任的平台，是家庭、学校、社会三位一体共同作用的结果。这三者不能和解，正是我们现在教育问题的祸根。

今天，儿童的生存环境依然堪忧，无论是谁，我们都是命运共同体，我们人人有责。

看着父亲渐渐老去的样子，生命里多了份释然和感动；看着他和孙子在一起的从容和坦然，总是充满了敬畏和希望。

回想起刚毕业时读林耀华先生《金翼》[①]一书的最后章节，主人公东林已经70多岁了。他拒绝了孩子们让他离开家乡的请求，仍然像年轻时一样拿着锄头下地干活。几个孙子在他身边，跟他学种地。这是这里的人首要而持久的生计。一架敌机在他们头顶上掠过，孙儿们仇恨地仰视着天空，但老人却平静地对他们说：“孩子们，别忘了把种子埋进土里！”

---

① 即《金翼：一个中国家族的史记》，由著名人类学家、社会学家和民族学家林耀华先生创作，是以小说体裁写就的社会学著作。本书借助黄东林和张芬洲两家的兴衰变化，反映了20世纪前叶福建沿海地区劳动人民的生活状况，详细介绍了那个时代的地方民俗习惯和特色。“把种子埋进土里”是本书的核心思想，体现了中国劳动人民脚踏实地的秉性，包含着平凡而又伟大的精神。